苏东坡画传

朱　虹
曹雯芹 ／著

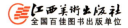

江西美術出版社
全国百佳图书出版单位

苏东坡

（1037—1101）

苏轼（1037—1101），字子瞻，一字和仲，号铁冠道人、东坡居士，世称苏东坡、苏仙、坡仙，四川眉州眉山（今四川眉山）人。他是唐宋八大家之一，北宋中期文坛领袖，也是文学家、书法家、美食家、画家、水利专家。苏轼一生足迹遍布祖国大江南北，为他傲人的文学成果积淀了丰厚的底蕴。不仅在中国，甚至是全世界，他都有着举足轻重的地位，2000年，法国《世界报》评选12位全球“千年英雄”时，苏东坡成为唯一入选的中国人。

序

生命史诗苏东坡

历经千年，苏东坡用生命写就的史诗依然散发着夺目的光芒和摄人的魅力。

他的诗情、才情、深情、真情，今天依然滋养着无数中国人的心灵。

他一路风雨、一路颠簸、一路尘土，却一路诗歌、一路欢笑、一路光明。他到哪里，哪里便燃起火，发出光，变得温暖而明亮。

他誉满天下，妒满天下，流放天下。在中华大地上，他用脚丈量，用生命放歌，用滋味生活。眉州、汴京、黄州、庐山、密州、杭州、惠州、儋州，他在地图上书写出不朽的生命史诗。

他总是出现在你的生命里，他在你少年的浪漫里，中年的奔波里，晚年的蛰居中。当你生命困顿，你读苏东坡，他的初心不改、矢志不渝，犹如暗夜里的火炬，照亮你前行的路。当你身处官场，你读苏东坡，他的浩然正气、笑对沉浮，似最好的为官之道。当你领略祖国大好山河，你读苏东坡，他的落笔成画、意境悠远、辽阔豪迈，会令你拍案叫绝。当你意志消沉，你读苏东坡，他的坚强韧劲、乐观豁达，好比清凉的灵药，令你精神为之一振。

走近苏东坡，你才发现，他从来不曾离开你，他是五百年一遇的语言大师，他的天才式文学创造，给我们留下了太多的文学瑰宝、文化财富，他留下的成语就有20多个，雪泥鸿爪、夜雨对床、河东狮吼、人生如梦、浓妆淡抹、春梦无痕、百读不厌、化为乌有、江山如画、绝无仅有、龙肝凤髓、聪明反被聪明误、胸有成竹、诗中有画、水到渠成、沧海一粟、水落石出、庐山真面目、坚忍不拔、取之不尽、用之不竭、明日黄花、天涯何处无芳草……这些文字早已镌刻在中国人的文化基因中，被一代代中国人吟唱、背诵、引用、摘抄。

他出生的北宋，是多少文人学子为之神往的朝代。因为，这是一个人文辉煌、商业发达、科技领先的北宋。美国哥伦比亚大学教授、汉学家卡特（1882—1925）在《中国印刷术的发明和它的西传》一书中提到，“宋代……是一个成长烂熟的时期。代抒情诗而起的为渊博的散文——历史编集的巨著、关于自然科学与政治经济科学的著作；就其特色与性质言，除了希腊有一个时期可与媲美外，都非中国其他时期或西方所能梦想得到的。”史学大家陈寅恪对北宋更是有极高的赞誉：“华夏民族之文化，历数千载之演进，造极于赵宋之世。”

据有关资料记载，北宋经济总量高达265亿美元，人均经济占有量450美元，位居当时世界第一！闻名中外的唐宋八大家，北宋就占了六位，其中有苏洵、苏轼、苏辙（称之为“三苏”），还有欧阳修、王安石、曾巩。《清明上河图》《资治通鉴》的问世，四大发明的推广，私人教育的蓬勃，无不揭示这是古代中国的鼎盛时期。

然而，这也是个积贫积弱的北宋。史学大家钱穆先生在其《国史大纲》中对北宋的评价与陈寅恪先生截然不同，“宋代对外之积弱不振”“宋室内部之积贫难疗。”军事、财政、官员和土地问题始终是北宋的大患，“冗兵、冗官、冗费”一直困扰着北宋王朝的治理。军事上，北宋强敌环伺，北有大辽虎视眈眈，西北与西夏纷争不断。国家养有120余万军队，养兵多、军费负担多，对辽和西夏的供纳永无止境。北宋第六代君王宋神宗将北辽战事视为北宋的奇耻大辱。宋人王铚曾在其《默记》中谈及北宋与北辽当时的形势与关系，大意如下：太宗自燕京城下兵败，被北虏穷追不舍，虽然勉强脱身。但所有随身的器物都被抢走，随行的宫嫔也都沦为俘虏。太宗大腿上中了两箭，每年都要发病，后导致驾崩。这本是不共戴天的仇恨，但当时却要每年捐献那么多的金帛，去安抚北辽的野心，为人子孙者，不应该这样！宋神宗因此立志变革，改变北宋王朝军事羸弱，任人欺凌的局面。

政治上，北宋王朝官僚机构臃肿、人浮于事。民生上，土地兼并愈演愈烈，大批农民失去土地，无法生活，社会矛盾尖锐。到了宋神宗熙宁年间（1068—1077），尽管财政收入年年增加，但是已经到了入不敷出的地步。

这就是苏东坡出生的时代。时代于他，是最好的，也是最坏的。文化之盛与军事之弱，变革之火与冲突之焰，在苏东坡的生命里留下了最为复杂与厚重的注脚。

苏东坡人生的开场，是惊艳的。嘉祐二年（1057），年仅22岁的苏轼赐进士出身，更在嘉祐六年（1061）的制科考试中名列榜首，以全国第一流的学者名动天下，“千古仁君”宋仁宗如获至宝：“大宋何幸，得此奇才？吾为子孙得两宰相矣！”

然而，他的人生旅途，却是晦暗与光明相伴随，坎坷与曲折寻常事。他经历了宋仁宗、宋英宗、宋神宗、宋哲宗、宋徽宗五任皇帝，并全程历经王安石变法带来的北宋政治、经济和社会大变革。他本人的命运则伴随着时局的变换而变幻出不同的色彩。宋神宗时，因反对变法，他离开京城，先后在杭州、密州、徐州、湖州等地任职。元丰三年（1080），因“乌台诗案”，他被捕下狱，后被贬为黄州团练副使。宋哲宗即位后，他又入京都，任翰林学士、侍读学士、礼部尚书等职。太后离世，他再次被外放，出知杭州、颍州、扬州、定州等地，晚年因新党执政被贬惠州、儋州。宋徽宗时获大赦北还。建中靖国元年（1101），他于常州病逝，享年 66 岁。

人生的漂泊无常，却给苏轼这个文学天才提供源源不断的创作源泉。他的创作生涯长达 40 多年，作品集有《东坡七集》《东坡易传》《东坡乐府》，绘画作品有《潇湘竹石图》《枯木怪石图》等，留下 2700 余首诗、300 首词、4800 多篇文章，诗、文、词、书、画都在文星璀璨的北宋耀眼非常。他的散文标志着北宋古文运动的最高成就；他的诗称“苏诗”，代表着宋诗的最高水平；他的词被称“苏词”，开创了豪放词风；他创立了“尚意”书风，史称“苏字”，为“宋四家”之一；他是中国“文人画”的倡导者，其绘画理论影响着一代又一代的艺术家……

苏轼生前，就已获盛名。从皇帝到百姓，从政敌到友人，无人不喜爱他的文章。

《宋史》记载："神宗尤爱其文，宫中读之，膳进忘食，称为天下奇才。"他的老师欧阳修说："此人可谓善读书善用书，他日文章必独步天下。""吾老矣，当放此子出一头地。"他的政敌王安石也钦佩他的文采："不知更几百年，方有此人物。"他的晚辈秦观崇拜他："中书（苏轼）之道，如日月星辰，经纬天地，有生之类，皆知仰其高明。"

苏轼身后，更是赞誉无数，他活在中国人的精神信仰里，活在中华传统文化的血脉里。

《苏东坡传》作者王水照对他十分崇拜："苏东坡是我国文化史上一位罕见的全才，人类知识和才华发展到某方面极限的化身。"

国学大师王国维不但佩服他的诗才，更仰慕他的人格："三代以下诗人，无过屈子、渊明、子美、子瞻者。此四子者，若无文学之天才，其人格亦自足千古。"

林语堂专门为苏东坡写下传记，他总结道："苏东坡是一个无可救药的乐天派、一个伟大的人道主义者、一个百姓的朋友、一个大文豪、大书法家、创新的画家、造酒试验家、一个工程师、一个憎恨清教徒主义的人、一位瑜伽修行者佛教徒、巨儒政治家、一个皇帝的秘书、酒仙、厚道的法官、一位在政治上专唱反调的人。”

余秋雨最喜欢的古代文人便是苏东坡，认为“他提纯了人类文化的遗传基因。”

苏东坡的美名早已享誉全世界。他对亚洲文化影响深远。日本中国文学研究家村上哲见认为：“东坡词的豪放，与苏轼的人生观有着紧密的关系。豪、雄、放，是其情感、思想的自然流露。”在今天的韩国教材上，他的《赤壁赋》《三槐堂铭》都是永远在线的经典之作。

苏东坡一生流放大半个中国，诗和远方成为他生命里的常态。让我们追寻着苏东坡的脚步，去探寻一个个和他生命发生深度共鸣，从而在中国历史文化地图上大放异彩的坐标。

目录

01

眉州之子：吾家蜀江上　江水清如蓝

眉州，苏东坡生命的起点。

四川，眉山，玻璃江，因其水色而得名。大自然在这里随心所欲变幻着江水的色彩。夏季，水流湍急，水色深黄。冬季，水流温和，色如碧玉。

玻璃江畔，眉州小镇，就是苏东坡的家。在这里，他度过了无忧无虑、天真烂漫的童年和少年时期，那是苏东坡人生的春季，破土而出、生机勃勃，充满无限希望。

少年天才

宋仁宗景祐四年（1037）的冬天，苏东坡出生了。他是家中的长子，父亲苏洵满心欢喜。两年之后，家中再添一个男丁。年轻的父亲对两个儿子甚是喜爱。在古代中国，为孩子取个好名字，是孩子出生后一件极其重要的事情，这寄托了父母对于孩子一生殷切的希望和祝福。才华横溢的苏洵细细观察着自己的两个儿子，他发现长子天资聪颖、个性外露，豪放不羁，而二儿子则沉静内敛，亲切平和，踏实稳重。深知儿子秉性的苏洵既喜于两个儿子天资过人，又忧于两个儿子性格上的弱点。于是，苏洵给长子取名为苏轼，“轼”的意思是指古代车辆上供人扶倚的横木，“轼乎，吾惧汝之外饰也，故再取字‘子瞻’”，他希望苏轼凡事能够隐藏锋芒，不事张扬，行事时瞻前顾后，三思而行。对于性格沉稳的二儿子，苏洵则取名为苏辙，“辙”指的是古代马车车轮行走后留下的痕迹，“辙者，善处乎祸福之间也，再取字‘子由’”，他希望苏辙凡事能跟着别人走，不用担心自己遭人妒忌，可自由洒脱些。

苏洵没有想到，自己和两个儿子，数年后因“一门父子三词客”而名扬天下，在历史上留下“三苏”的美谈。纵览中国历史，没有哪一家，能像苏氏家族一样，在唐宋八大家中占据三个席位，传为千古佳话。可见，苏洵并不是平庸之辈。

“苏老泉，二十七，始发愤，读书籍”《三字经》里的“苏老泉”就是苏洵（苏洵字明允，自号老泉）。

苏洵性格沉稳，聪慧非常。只是在 27 岁之

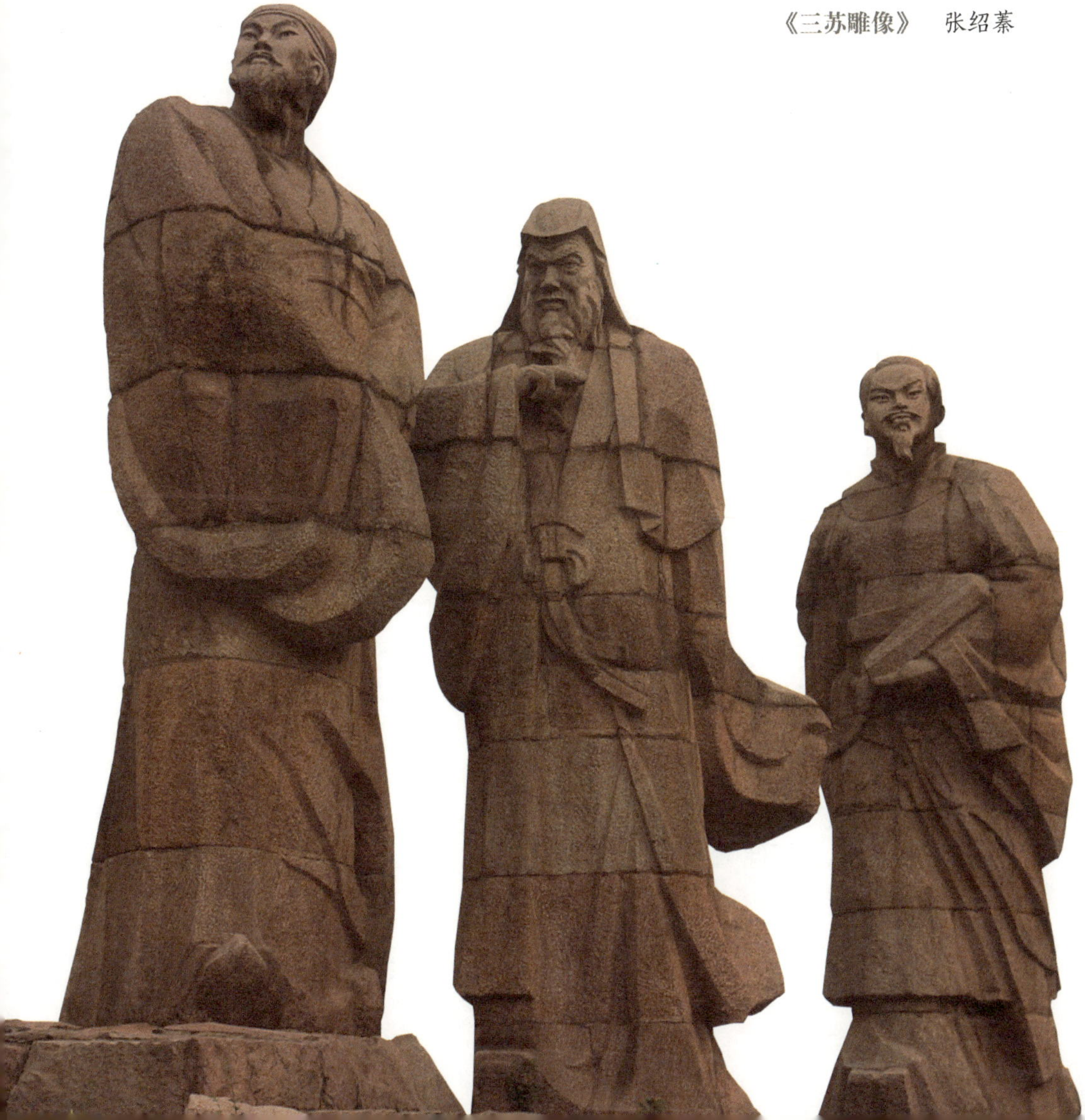

《三苏雕像》 张绍蓁

前，从来没有认真读过书，“终日嬉游，不知有生死之悲。”直到他的哥哥苏涣和小舅子一起考中了进士，儿子苏轼出生，他才开始发愤读书，他虽然没有考取任何功名，但也成为一代散文大家。

父亲苏洵是苏轼的启蒙老师，他对苏轼和苏辙的功课一直抓得很紧。直到苏轼60多岁时，还对父亲的严厉历历在目：

夜梦嬉戏童子如，父师检责惊走书。
计功当毕春秋余，今乃初及桓庄初。
怛然悸悟心不舒，起坐有如挂钩鱼。

——宋 苏轼《夜梦》

苏东坡回忆，父亲苏老泉一向对孩子们的学习要求十分严格，按照计划，他应该已经把《春秋》读完了，可由于自己贪玩，没能及时完成父亲布置的任务，才读到全书的三分之一。结果他提心吊胆，好像嘴里挂了鱼钩的小鱼一样焦虑不安。

《婴戏图轴》　罗聘

苏东坡的母亲程夫人，出身于眉山望族，知书达礼、仁慈善良、睿智大度。她通过言传身教，使孩子们懂得行事做人的道理。

苏轼家有一庭院，花木成荫，生机盎然，鸟雀在这里栖息、筑巢。程夫人担心孩子们贪玩伤害幼小的生命，就下令不允许孩子们捉鸟。渐渐地，苏家花园成了鸟类的乐园，前来安家筑巢的鸟儿越来越多，它们也不怕生人，有的还把窝筑得很低，孩子们一伸手就能够着。家里鸟雀成群，叽叽喳喳，这让苏轼兄弟有了接触自然与生灵的好机会，他们和小伙伴们常常围在鸟窝边，给它们喂食，观察它们，逗弄它们，好不欢喜，欢乐、慈爱、善良的种子就此在孩子们的心中种下。童年的这段美好经历，一生都在苏东坡的脑海里。

昔我先君子，仁孝行于家。

家有五亩园，幺凤集桐花。

是时乌与鹊，巢鷇可俯拿。

忆我与诸儿，饲食观群呀。

——宋 苏轼《异鹊》（节录）

这样的严格和督促，这样的熏陶与浸润，塑造了苏东坡的品格，激发了他内在的潜能，天资过人的苏东坡 10 岁便写出了令人称奇的文章：

“人能碎千金之璧，不能无失声于破釜，能搏猛虎，不能无变色于蜂虿……”

意思是一个人可以像蔺相如一样手持和氏璧与强权抗争，也可以在打破一口锅的情况下失声尖叫，一个人可以和猛虎搏斗，也可以被野蜂、毒虫吓得惊慌失措，可见思想准备的重要性。

苏东坡的少年天才，已经显现。

《冬山卧虎图》　佚名

《牡丹图》 吴昌硕

遇见爱情

故乡眉州不仅给了苏东坡麒麟之才，还给了他温柔之爱。他的爱情，萌于此。

他的初恋在眉州。苏东坡情窦初开时，悄悄喜欢上了伯父苏涣家的四女儿，也就是他的堂妹小二娘。由于礼法约束，他始终未能将少年的满腹心事向人吐露。这段真情让他一直刻骨铭心：

前尘往事断肠诗，侬为君痴君不知。
莫道世界真意少，自古人间多情痴。

——宋 苏轼《无题》

从此，小二娘一直都住在苏东坡的心里。他为她写情意婉转的牡丹诗，为她写“此心如割”的祭文，拖着衰老病体在她的墓前哭得像个孩子。

这就是苏东坡，一个真性情的男儿。

他的新娘在眉州。皇祐六年(1054)，

苏东坡迎娶了眉山镇的大家闺秀，妙龄 16 岁的王弗。王弗精明能干。她陪伴苏东坡，走出眉州、穿越三峡、名动京城；她陪伴苏东坡，为母守丧、走马凤翔、游历四方。他们感情深厚，相濡以沫。治平二年（1065），王弗病逝，遗下一子，年仅 6 岁，这令苏东坡肝肠寸断。情到深处难自禁。在妻死后十周年，苏东坡写下了那句句催泪、凄绝无比的名篇以纪念他的爱妻：

十年生死两茫茫，不思量，自难忘。千里孤坟，无处话凄凉。纵使相逢应不识，尘满面，鬓如霜。

夜来幽梦忽还乡，小轩窗，正梳妆。相顾无言，惟有泪千行。料得年年肠断处，明月夜，短松冈。

——宋 苏轼《江城子·乙卯正月二十日夜记梦》

熙宁元年（1068），在为父亲守制期间，在眉州的苏轼迎娶了他人生中的第二个妻子，前妻的堂妹，21 岁的王闰之。王闰之性格温顺，她陪伴苏东坡 25 个春秋，经历宦海沉浮，与他同甘共苦，陪他颠沛流离，为他生儿育女，直至元祐八年（1093）去世。

回不去的故乡。嘉祐元年（1056），21 岁的苏东坡和父亲苏洵、弟弟苏辙，第一次作别故乡，穿越三峡，经700里水路、400里旱路远赴京都汴梁，去奔赴他们人生的星辰大海。

嘉祐二年（1057），刚刚金榜题名的苏氏两兄弟和父亲返回眉州，为病逝的母亲程夫人守丧27个月。

治平三年（1066），31岁的苏东坡扶着父亲苏洵及妻子王弗的灵柩，最后一次回故乡，他把父亲和妻子埋葬在了母亲的身旁。

熙宁二年（1069），34岁的苏东坡从眉州出走。“故乡飘已远，往意浩无边。”他把童年留下，把双亲留下，把思念留下，从此一生不曾再回故乡。

但他永远记得自己从哪里来：“吾家蜀江上，江水清如蓝。”“我家江水初发源，宦游直送江入海。”

玻璃江流淌千年，再不曾见到这灵气的少年。

历尽沧桑的苏东坡，多少次，在梦里，回到眉州。

心衰面改瘦峥嵘，相见惟应识旧声。
永夜思家在何处，残年知汝远来情。
畏人默坐成痴钝，问旧惊呼半死生。
梦断酒醒山雨绝，笑看饥鼠上灯檠。

——宋 苏轼《侄安节远来夜坐三首·其二》

02

汴京风云：平生文字为吾累　此去声名不厌低

建隆元年(960),宋太祖赵匡胤登基,创立北宋,定都汴京。为避免藩镇之祸,他打破历朝历代重武轻文的政治传统,奠定了北宋以文治天下的政治格局。北宋,名相、名臣、名家辈出。苏东坡童年时,中国正在宋朝最贤明的君主宋仁宗统治之下,他从小就听闻欧阳修、范仲淹等人的大名,他景仰他们的当世之志、济时之心及忧国忧民之思。

嘉祐元年(1056)五月,榴花似火。21岁的眉州青年苏东坡第一次来到京都汴京(今河南开封),就被这里的雄伟壮丽、满目繁华、车水马龙深深吸引。

汴京的天空,时而风和日丽,时而乌云密布,时而惠风和畅,时而暗夜沉沉。这里是苏东坡的福地,也是他的祸地。在这里,他将经历人生的大江大海、大起大落、大喜大悲。

文名鹊起

“学成文武艺，货与帝王家。”嘉祐元年（1056）正月，苏东坡和弟弟一同参加由当时的文坛盟主欧阳修主持的省试。第二年春天，好消息传来，兄弟二人双双得中进士登第。苏东坡的文章，被主考官欧阳修拿去给大家传阅，一时成了文章中的典范。欧阳修作为当时的文坛领袖，天下学子皆以得到他的欣赏为荣。欧阳修心生欢喜地对同僚说道:“读轼书，不觉汗出，快哉快哉！老夫当避路，放他出一头地也。”这也是出人头地一词的来源。苏氏兄弟正欲宏图大展，谁知，此时，故乡传来了母亲程夫人病亡的消息。

在返乡为母亲程夫人服丧 27 个月之后，嘉祐五年(1060)，苏氏兄弟再次回到京都，在欧阳修的大力推荐下，参加“制科考试”。据有关资料记载，制科考试是唐宋时期的一种特殊考试制度。制科，是国家根据当前历史时期下的国家治理难题，由中央朝廷下“制”书，有针对性选拔高级别政治英才的一种考试。制科考什么内容，什么时候考，都是

《欧阳修像》　陶璨

《清明上河图》　张择端

不固定的，往往根据皇帝的旨意，因此随机性很强。科举考试每三年一次，而制科考试是不定期的。从程序上看，制科考试也显得十分复杂。第一关，需要由朝廷大臣的推荐才能参加考试。第二关，要参加一次预选考试，获得较好成绩才能顺利过关。最后，由皇帝亲自出考题。制科考试的选拔非常严格。据统计，宋朝总共 300 多年的历史，科举考试选拔了 4 万多进士，而制科考试只进行过 22 次，选拔人才仅 41 人。

“制科考试”第一关：是用一年的时间，向朝廷提交二十五篇策论构成的“贤良进卷”，苏轼两兄弟皆顺利通过。第二关：第二年八月十七日，参加“秘阁六论”，成功闯关的只有苏轼、苏辙和王介三人。第三关：八月二十五日，仁宗皇帝亲当考官，就当前政治问题进行一系列提问。考评结果分为五等，第五等相当于不合格，第一、二等皆虚设，宋以来，只有一人获得过“第三次等”，其余合格者皆是第四等。这一次，苏轼获得了“第三等”，

《黄楼赋图》 夏永

追评了历史最高成绩。王介和苏辙则获得“第四等”的好成绩。后来，宋仁宗对曹皇后笑说起这次“制科考试”惊叹道：“大宋何幸，得此奇才。吾为子孙得两宰相矣！”

就这样，26岁的苏东坡和23岁的弟弟苏辙文名鹊起，誉满京城。他们的面前，似乎是鲜花铺就的大好前程。

尽管文才灼灼，但仕途必须从基层开始。嘉祐六年（1061）冬，26岁的苏东坡，获得初入仕途的第一个职位，大理评事、签书凤翔府判官，官衔正八品。23岁的苏辙申请留京侍父，兄弟二人首次分开。在赴任途中的马背上，苏东坡百感交集，写下一首诗：

不饮胡为醉兀兀？此心已逐归鞍发。
归人犹自念庭帏，今我何以慰寂寞？
登高回首坡垅隔，但见乌帽出复没。
苦寒念尔衣裘薄，独骑瘦马踏残月。
路人行歌居人乐，童仆怪我苦凄恻。
亦知人生要有别，但恐岁月去飘忽。
寒灯相对记畴昔，夜雨何时听萧瑟？

《宋仁宗像》　佚名

君知此意不可忘，慎勿苦爱高官职。

——宋 苏轼《辛丑十一月十九日，既与子由别于郑州西门之外，马上赋诗一篇寄之》

20多年甘苦与共，兄弟俩从未分开。而一入仕途深如海，苏轼深知，他和弟弟再也无法回到那无忧无虑、相依相伴的美好时光了。

嘉祐八年（1063），宋仁宗赵祯驾崩，宋英宗继位。宋仁宗主政四十二年，爱国爱民，重用人才，善听意见，重视民生，并和夏朝签订“庆历和议”，换得半个世纪的和平，开创了“仁宗盛治”。针对宋朝的“冗官、冗兵、冗费”三冗现象，他采纳欧阳修、范仲淹、富弼等大臣的意见，大刀阔斧进行以吏治为中心的改革，但是由于触犯了贵族官僚的利益，改革半途而废。

《东坡时序诗意图册》之别岁　石涛

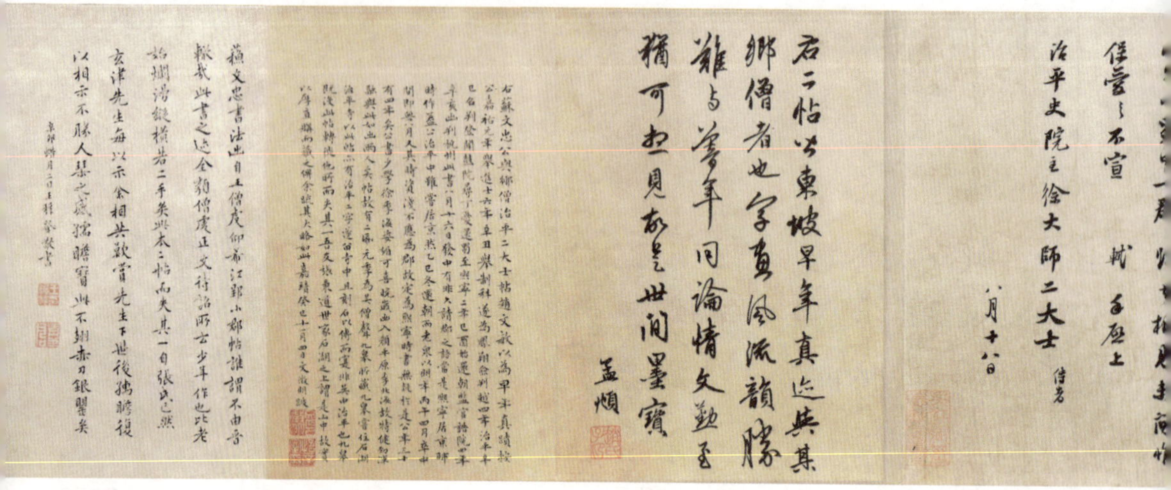

《治平帖》 苏轼

苏东坡的少年得意，离不开仁宗皇帝的赏识，他一直对仁宗皇帝充满着敬仰和感恩，曾言道：“宋兴七十余年，民不知兵，富而教之，至天圣、景祐极矣，而斯文终有愧于古。仁宗皇帝在位四十二年，搜揽天下豪杰，不可胜数。既自以为股肱心膂，敬用其言，以致太平，而其任重道远者，又留以为三世子孙百年之用，至于今赖之。”

治平元年（1064），苏东坡凤翔三年任职期满，回到汴京，苏辙则被外放大名府为官。新主宋英宗

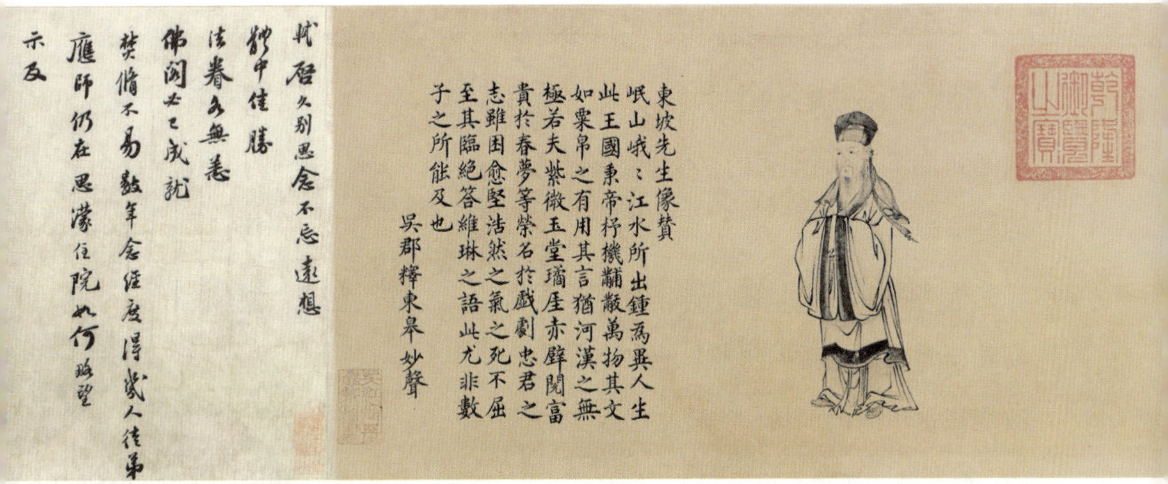

想破格提拔苏东坡，被宰相韩琦劝阻，认为年轻人应该多加历练才能担当大任。于是苏东坡到史馆任职。五月，妻子王弗病逝。次年四月，父亲苏洵病逝。苏氏兄弟二人立即辞去官职，把灵柩运回眉州故里，直到神宗熙宁元年（1068）八月才居丧期满。

期间，江山又换了新的主人。治平四年（1067），继位才 4 年的宋英宗驾崩，未满 20 岁的皇太子赵顼即宋神宗继位。

变法风暴

神宗熙宁二年（1069），苏氏兄弟再次回到京都。等待他们的，不是繁花锦绣，而是惊涛骇浪。

新的政治周期已然开启。宋神宗雄心勃勃，渴望建立新的功业。他立志改革，改变积贫积弱的现状，实现富国强兵的壮志。要改革，必然要起用新人，摒弃老人。这是被欧阳修等老臣视为接班人、被仁宗皇帝赞誉有“宰相之才”的苏东坡将要面对的政治新常态。他的仕途，也因此变得飘忽不定。

熙宁元年（1068）四月，“唐宋八大家”之一，不修边幅、雷厉风行、一直主张变法图强的翰林学士王安石，第一次走进宋神宗的垂拱殿，君臣围绕变法促膝长谈。

一年后，王安石被任命为副宰相，推出了一系列改革举措，史称“熙宁变法”

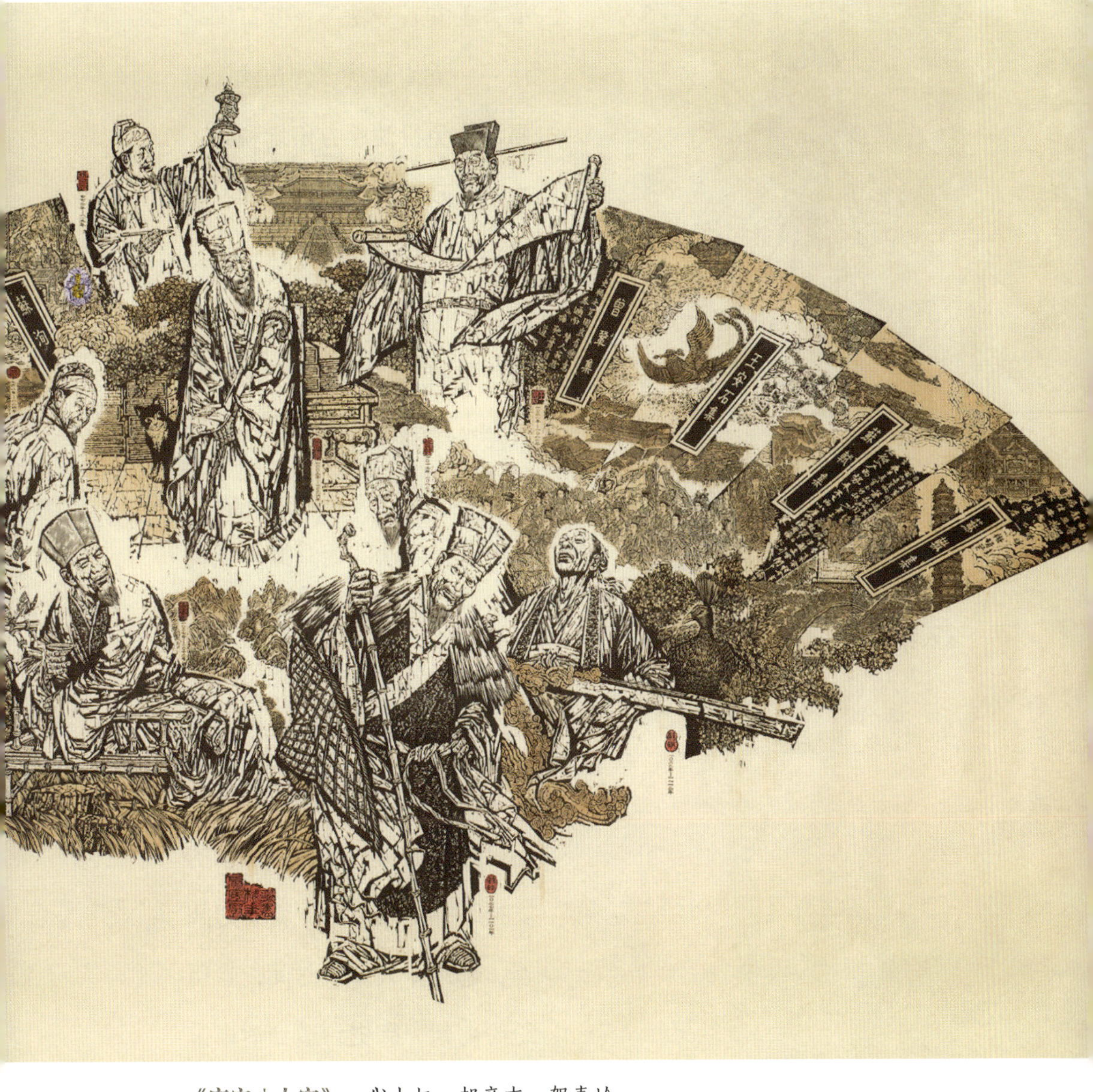

《唐宋八大家》　代大权　郝彦杰　贺秦岭

《八相图》之司马光　佚名

或“王安石变法”：变富国之法——立均输法、青苗法、市易法、免役法、方田均税法、农田水利法，以充盈国库；变强兵之法——立保甲法、裁兵法、将兵法、保马法、军器监法，以稳定疆土；变取士之法——改革科举制度、整顿太学、唯才用人……

因为新法，朝堂撕裂成两大阵营，以王安石为首的变法派和以司马光为首的保守派。

“拗相公”王安石以“天变不足畏，祖宗不足法，人言不足恤”的勇气，在宋神宗的支持下，变法伊始，就大刀阔斧，起用新人。一时间，老臣纷纷离朝，御史台遭到清肃排斥，政治风暴越刮越烈。

熙宁三年（1070），王安

石正式出任宰相一职。

时局风云变幻之时，官卑职小的苏东坡没有选择隔岸观火，明哲保身。熙宁三年（1070）二月，35岁的苏东坡给宋神宗上奏折，并求见皇帝，洋洋洒洒，雄辩滔滔，力陈王安石改革之弊端。

“百姓足，君孰与不足？……臣不知陛下所谓富者富民钦？抑富国钦？是以不论尊卑，不计强弱，理之所在则成，理所不在则不成，可必也。今陛下使农民举息，与商贾争利，岂理也哉，而何怪其不成乎？……陛下苟诚心乎为民，则虽或谤之而人不信。苟诚心乎为利，则虽自解释而人不服。且事有决不可欺者，吏受贿枉法，人必谓之赃。非其有而取之，人必谓之盗。苟有其实，不敢辞其名。今青苗有二分之息，而不谓之放债取利，可乎？……今天下以为利，陛下以为义；天下以为害，陛下以为仁；天下以为贪，陛下以为廉。不胜其纷纭也……”

熙宁四年（1071）二月，苏东坡再次“以蝼蚁之命，试雷霆之威”，冒着“大则身首异处，破坏家门，小则削籍投荒，流离道路”的危险，夜以继日，几易其稿，写下八千言的《上神宗皇帝书》，恳求皇帝废黜新法。

“臣之所欲言者，三言而已。愿陛下结人心，厚风俗，存纪纲。人主之所恃者人心而已，如木之有根，灯之有膏，鱼之有水，农夫之有田，商贾之有财。失之则亡，此理之必然也。自古及今，未有和易同众而不安，刚果自用而不危者。陛下亦知人心之不悦矣。”

——宋 苏轼《上神宗皇帝书》（节录）

他认为，君主的治理最终依靠是人心，人心散了，国家就会灭亡，这同树和根、灯和油、鱼和水、农夫和田、商人和钱的关系一样。从古到今，没有说和顺平易和众人同心而不能安定，刚愎自用而不遇危险的。

两次进谏的结果，就是苏东坡靠边站了。

熙宁四年（1071）七月，36岁的苏东坡外调离京。

八年后，元丰二年（1079），44岁时，苏东坡再次回到汴京，却是以一个罪犯的身份，被关进御史台的大牢里。

乌台诗案

苏东坡离开汴京的这八年，时局变化不断。宋神宗依然坚定地支持着变法，并将年号从熙宁改为元丰，成为变法的直接操刀者。变法派领袖王安石在三年中先后两次被罢免宰相，最后心灰意冷闲居在南京。反对派领袖司马光则长年闭门著书立说，不问国事。在朝堂之上掌握实权的是固步守成的宰相王珪和王安石的门生及他提拔的新进之士，御史中丞李定、权监察御史里行舒亶、何正臣等。由于种种原因，变法与反变法的争论，最后演变成了党派争权夺利的政治斗争。

苏东坡虽外任为地方官，他却文名日隆，身边聚集了“苏门四学士”“苏门六君子”等一大批文人雅士。宋神宗虽然不满意他的反变法言论，却又十分欣赏他的才华。苏东坡全然忘记了父亲苏洵对于他的谆谆教导，凡事不要出风头，不要太张扬，要审时度势。他总是不合时宜，多次上奏章反对变法，又经常写诗表达对变法的不满。朋友对他的叮嘱：“杭州虽好莫题诗”，他早忘到了九霄云外。这样的苏东坡，让李定、舒亶、何正臣等人忌惮、害怕又忌妒。苏东坡不知道，他早已成为了别人眼中的猎物，暗箭正向他射来。

这一切由御史中丞李定亲自策划并导演。为坐实苏东坡的罪证，李定等人处心积虑。

元丰二年（1079）六月，他们射出第一支“毒箭”。御史何正臣对苏东坡的《湖州谢上表》大做文章，说他妄自尊大，“知其愚不适时，难以追陪新进；察其老不生事，或能牧养小民。”难道朝堂之上，都是些惹是生非之辈？这不是讽刺朝廷吗？

七月，他们射出第二支“毒箭”。御史舒亶拿出苏东坡的诗集《元丰新添苏子瞻学士钱塘集》，指出苏东坡处处讥讽朝廷和新法：陛下不是实行“青苗法”吗？他就说“赢得儿童语音好，一年强半在城中”；陛下不是要明法整顿吏治吗？他就说“读书万卷不读律，致君尧舜却无术”；陛下不是要兴水利吗？他就说“东海若知明主意，应教斥卤（盐碱地）变桑田”；陛下不是要推行盐禁吗？他就说“岂是闻韶解忘味，尔来三月食无盐”。舒亶用心险恶，他对苏东坡的诗上纲上线，直指苏东坡反对新法，反对皇帝，这是多么狠毒的政治攻击！

《湖州十八景图》之长超山　宋旭

同一天，他们射出第三支“毒箭”，御史中丞李定亲自出马。他明确提出苏轼有四条“可废之罪”：一是“怙终不悔，其恶已著”；二是“傲悖之语，日闻中外”；三是“言伪而辨”“行伪而坚”；四是“陛下修明政事，怨己不用”，认为苏轼“讪上骂下，法所不宥”。

在这样的政治攻击下，苏东坡大祸临头。

元丰二年（1079）八月十八日，44 岁的苏东坡因诗下狱，从湖州押解千里而来，“顷刻之间，拉一太守，如驱犬鸡……”他被狼狈不堪地关进了御史台的监狱里，史称“乌台诗案”。

对手们欲置苏东坡于死地，一切按照死囚的审判流程而来，苏东坡受尽折磨，一度想到过自杀。

苏东坡入狱之后，长子苏迈每天给他送饭，并约定“平安蔬菜杀头鱼”的暗号。但有一天，苏迈要出城借钱，便托亲戚去给父亲送饭。那个亲戚不知有暗号，精心烹制了一些鱼送过去。见到鱼，苏东坡悲从中来，万念俱灰。他写下两首绝命诗给弟弟苏辙。

圣主如天万物春，小臣愚暗自亡身。

百年未满先偿债，十口无归更累人。

是处青山可藏骨，它年夜雨独伤神。

与君世世为兄弟，又结来生未了因。

——宋 苏轼《狱中寄子由二首·其一》

柏台霜气夜凄凄，风动琅珰月向低。

梦绕云山心似鹿，魂飞汤火命如鸡。

眼中犀角真吾子，身后牛衣愧老妻。

百岁神游定何处，桐乡知葬浙江西。

——宋 苏轼《狱中寄子由二首·其二》

这两首诗辗转到了宋神宗手中，诗句中流露出的君臣之义、手足之情、夫妻之爱令宋神宗动容。

苏轼蒙难的消息传出去，引起了很大的社会震动，各方对他的营救也在十万火急地展开。

弟弟苏辙写下《为兄轼下狱上书》呈给皇帝，至今读来感人肺腑，“困急而呼天，疾痛而呼父母者，人之至情也。臣虽草芥之微而有危迫之恳，惟天地

《观碑图》 郭熙

父母哀而怜之”；进而动之以手足之情“臣早失怙恃，惟兄轼一人相须为命。今者窃闻其得罪，逮捕赴狱，举家惊号，忧在不测。……不胜手足之情，故为冒死一言”。

宰相吴充有一天问神宗皇帝：“陛下认为曹操这个人怎样啊？”神宗回答说：“不值一提。”吴充又说：“陛下以尧舜为楷模，自然鄙视曹操。但连曹操这种坏人都能容忍骂自己的祢衡，您为什么就容不下苏轼呢？”这一番话让神宗皇帝无言以对。

他曾为官杭州的百姓公开做解厄道场，求告神明保佑他。

神宗的祖母，也就是宋仁宗的皇后，在病危时都不忘苏东坡，她问：“据闻苏轼已下台狱？”神宗答：“是，自八月迄今，已有两月。”老太太说：“忆及你祖父仁宗皇帝初得苏轼、苏辙之日，回宫喜容满面，言道，吾今为子孙得太平宰相两人，惜吾不及用也。”神宗听罢惶恐道：“娘娘勿忧，尚未定谳。”太皇太后长叹一声，轻声言道：“官家大赦可免，但放了苏轼足矣。”老太太一边说，还一边掉眼泪，这边神宗也跟着掉泪。

最大的转机来自王安石。这位曾经的政敌此时已归隐南京。王安石给神宗皇帝写的信就一句话:“安有圣世而杀才士乎?”

宋神宗在最后判决之前，决定派亲信去试试苏东坡的人品。

一天夜里，一人走进苏东坡的牢房，也不说话，进来之后倒头便睡。苏东坡也没有理会，径自沉沉睡去。四更天时，那人把苏东坡摇醒，连道：“恭喜学士，恭喜学士。”苏东坡不解：“喜从何来？”答：“无事，尽可安心。”遂匆匆离去。

元丰二年（1079）十二月二十八日，前后持续了五个月的“乌台诗案”终于有了结果。苏轼大难不死，逃过一劫，他被定罪“讥讽政事”，贬黄州，充团练副使。除主犯苏轼外，其余如苏辙、司马光等 29 人，也受到株连。

出狱这一天晚上，恰逢除夕。苏东坡百感交集，又忍不住挥笔写下两首诗：

百日归期恰及春，余年乐事最关身。
出门便旋风吹面，走马联翩鹊啅人。
却对酒杯浑是梦，试拈诗笔已如神。
此灾何必深追咎，窃禄从来岂有因。

平生文字为吾累，此去声名不厌低。
塞上纵归他日马，城东不斗少年鸡。
休官彭泽贫无酒，隐几维摩病有妻。
堪笑睢阳老从事，为余投檄向江西。

——宋 苏轼《十二月二十八日，蒙恩责授检校水部员外郎黄州团练副使，复用前韵二首》

因诗获罪，差点丢掉性命，刚从一场政治噩梦中醒来的苏东坡，又恢复了他不吐不快、以诗为乐的本性。

帝王之师

“乌台诗案”后，元丰三年（1080），45 岁的苏轼离开汴京这个大是大非之地，开始了他流放的生涯。从 21 岁文名鹊起到如今 20 多年，他获得了政治罪犯的身份。对于仕途，他已经不抱希望。他甚至以为，他这辈子都不会再回到汴京了。

五年后，元丰八年（1085），年仅 39 岁的宋神宗由于西夏战事惨败，改革成果付之东流，带着深深的遗憾离世。他第六个儿子，9 岁的宋哲宗赵煦继位，改年号“元祐”，太皇太后高氏垂帘听政，她亲手终结了宋神宗追求了一生的变法事业。不久，年届 66 岁、隐退 15 年之久的司马光被任命为宰相，主持国政。北宋进入一个新的历史阶段，史称“元祐更化”。

政治形势再次突变，变法新党人物纷纷遭到贬斥，旧党人物纷纷重新回到朝堂。

元祐元年（1086），苏轼 51 岁。

他再次迎来了命运的转折。

从当年的五月到次年的九月，短短 17 个月的时间，他从一个偏远地方的犯官一路直升到朝廷的三品大员，提升了六个品级、十二个官阶，离宰相只有一步之遥。

苏轼当时是翰林学士（皇帝最亲近的政治顾问和秘书，往往是“将相之储”）、知制诰，官阶正三品。

元祐二年（1087），52 岁的苏东坡兼任侍读，给小皇帝赵煦当老师。成为帝王之师，这是古代社会读书人最大的荣耀。

朝堂之外，苏东坡的名声也越来越大。他的诗词文章已经传到了辽国，被许多达官贵族精心装裱挂在墙上。在汴京城，他随意写下几个字，都可以拿去换羊肉。只要他去过的酒家，必定生意火爆。他亲自设计的高帽“子瞻帽”，也成为汴京最流行的时尚。

作为当时的文坛领袖，苏东坡身边聚集了当世最有才华的文人：李公麟、米芾、黄庭坚、王诜、秦观、

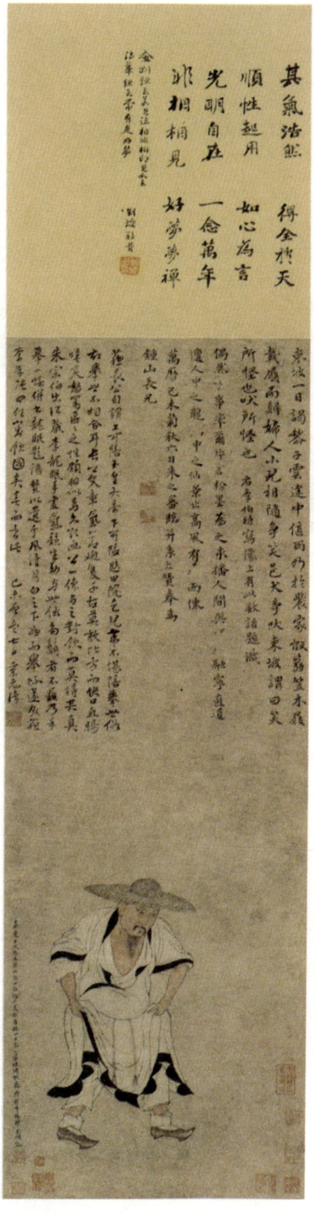

《临李公麟画苏轼像轴》
朱之蕃

《西园雅集图》（局部） 马远

僧人圆通、道士陈碧虚……

他们的聚会——西园雅集，被称之为“千年胜会”，可以比肩东晋的兰亭雅集。

巨大的荣耀和名声背后，却是杀机四伏，步步惊心。

苏东坡永远学不会见风使舵，明哲保身。在国家利益和党派利益之间，他毫不犹豫选择了前者，这让他一次次站在政治的风口浪尖。

他保持独立人格的做法为官场所不容。苏东坡既反感当年王安石的独断专行推行新法；同样，他也十分反感现在旧党人物对于新法的全面推翻。对于当朝宰相司马光，他并没有亦步亦趋，作“应声虫”。在与挚友的信中，他写道：

昔之君子，惟荆是师；今之君子，惟温是随。所随不同，其为随一也。老弟与温，相知至深，始终无间，然多不随耳。

——宋 苏轼《与杨元素》（节录）

他直言不讳地指出，过去的君子以王安石为榜样，追随他；现在的君子又以司马光为榜样，追随他。我和司马光是多年相知的老朋友，关系亲密无间，但是我不会盲目追随于他。

他对于新法的态度与司马光产生了巨大的分歧。苏东坡认为对于新法，不必一竿子打死，而是保留其中的合理部分，焦点集中在“免役法”这一问题上。王安石变法前，朝廷实行的是“差役法”，弊病很多。“免疫法”尽管在实行过程中有一些问题，但总的来说利大于弊。有着长期基层工作经历的苏东坡，建议对此法进行完善，而不必废除。

司马光则对新法充满成见，认为应该全部废除。苏东坡尝试说服他，可是，司马光根本不听他的意见。

他们甚至在宰相政事堂里爆发了激烈的争执。司马光勃然大怒，气得脸色都变了。苏东坡也怒气冲冲地退朝回家，一边卸巾解带，一边怒呼：“司马牛，司马牛！”司马牛本来是孔子弟子之名，但是东坡此时并非引用典故，而是指责司马光脾气太倔，就像犟牛。

由于宰相权力的争夺，苏东坡成为众矢之的。元祐元年（1086）十月，二人争论免役法两个月后，

《司马光归隐图》　佚名

一代政治家、文学家、历史学家，宰相司马光与世长辞。苏东坡不胜悲痛：“呜呼，百世一人，千载一时！”并亲自为司马光写下三篇祭文，“公来自西，一马二童。万人环之，如渴赴泉。……为政一年，疾病半之。功则多矣，百年之思。”（《司马温公神道碑》）他对司马光的人品、功绩给予了极高的评价。

司马光逝后，旧党立马分裂成了三大阵营：以程颐为首的“洛党”，以苏东坡为首的“蜀党”，以谏官刘挚、刘安世等人为首的“朔党”。宰相之位出现真空，围绕权力之争，历史上爆发了有名的“洛蜀党争”。苏东坡离宰相之位最近，又深得高太后信任，自然成了众矢之的。

高处不胜寒，苏东坡的一言一行，被大做文章，断章取义。

进入权力中枢，苏东坡并不是那样懂得变通，他依然坚持着他的政治态度和率直性格。对于朝廷治理，他认为既不能像仁宗时期那样过于松懈惰怠，也不能像神宗时期那样过于紧张严苛，应当采取中庸之道，做必要的调和折中。

这样的观点和态度，被对手断章取义。朝堂之上，弹劾苏东坡的奏章，甚至堆成了一座小山。

更有人在高太后面前攻击他对神宗皇帝恶意诽谤，为大不敬，应从严惩治。高太后气得厉声说道：“苏轼是我的亲戚吗？我为什么要袒护他？”

苏东坡再次伫立于政治的寒秋，高山之巅，便是寸草不生，寒潮浪涌。尽管有高太后深深的信任和苦苦的挽留，尽管身处繁华的汴京，拥有尊贵的身份、舒适的生活，苏东坡还是心生退意，他厌倦了权斗，他厌倦了虚伪。他心中始终装着清风与明月，他始终向往着光明与纯粹的生活。

臣若贪得患失，随世俯仰，改其常度，则陛下亦安所用。臣若首其初心，始终不变，则群小侧目，必无安理。虽蒙二圣深知，亦恐终不胜众。所以反复计虑，莫若求去。

——宋 苏轼《杭州召还乞郡状》（节录）

都说初心易得，始终难守。年过半百，苏东坡却依然怀揣着那颗滚烫、赤诚的少年之心。元祐四年（1089），苏东坡去意已决，他不愿在政治的漩涡中空耗生命。他选择离开，到地方上去，把自己炽热的生命投入到为百姓干实事，为地方谋发展中去。

03

密州之歌：但愿人长久　千里共婵娟

苏东坡的一生，总是在路上，不是在赶考的路上，就是在赴任的路上，或是在流放的路上。他空闲的时候少，颠沛的时候多；平顺的日子少，坎坷的时候多；富足的时候少，艰苦的时候多。命运，总是在拐角处，向他出一道又一道难题。可是，苏东坡却一一接受，化解下来、应对下来。考验、波折与不幸，伴随着他的脚步，循着地图，竟连成了一串闪光的足迹。山东密州，就是其中的一个闪光点。

熙宁八年（1075），苏东坡 40 岁，出任山东密州太守，这是他政治生涯里值得书写的一笔，第一次当“一把手”，主政一方。可是，密州地处偏僻，灾荒不断，盗贼四起，百姓困顿，对于一个地方官员来说，这是一块难啃的硬骨头，很难做出政绩。但苏东坡愉快地接受了朝廷的任命，离开富庶温柔的杭州，到密州走马上任。

一到密州，苏东坡就遇到了两大考验，蝗灾和旱灾。

蝗灾危害极大——声如巨浪，遮天蔽日，所到之处，寸草不留。苏东坡深知此灾的严重性和危害性，一到密州，他连州衙都未进，就带着手下奔赴了抗蝗一线，以至“我仆既胼胝（手足重茧），我马亦款砣（疲劳）”。他立即写奏议状上报朝廷，为民请命，请求豁免秋税，还设下奖金，赏给灭蝗有功的人。

他得知土地越干旱，就越有利于蝗虫生长，就数次前往山中，为百姓求雨，并积极为百姓寻找水源，解决最为迫切的饮水问题。

经过努力，治蝗斗争取得了压倒性的胜利：“县前已窖八千斛……更看蚕妇过初眠”。诗中苏轼自注说：“蚕一眠，则蝗不复生矣。”旱灾也得到了一定的缓解。通过蝗灾和旱灾，当地的百姓看到了一位勤政爱民、披肝沥胆的苏东坡。

连年的灾荒，农业产出不足，致使密州经济萧条，

《渔村小雪图卷》　王诜

百姓生活困顿，以至于“盗贼渐炽”，如何才能实现“盗贼除，密州治，百姓安”？苏东坡并没有停留在事物的表面，他向朝廷进言《论河北京东盗贼状》，对盗贼的产生根源，作了深刻而精辟的分析，他认为是客观的自然条件和人为的社会治理互为因果，“密州民俗武悍，恃（特）好强劫，加以比岁荐饥，椎剽之奸，殆无虚日”。他明确提出，治盗必须治本，要从官员选拔、地方治理、经济发展等方面连根挖掉盗贼产生的土壤，只有这样才能实现密州的长治久安。

赈灾、剿匪、扶贫、济困，苏东坡无事不尽心竭诚。在密州，他“勤于吏职”“视官事如家事”“凡百劳心”而“朝衙达午，夕坐过酉”。

对于盗贼，他的心无比坚硬；对于弃婴，他的心则变得无比柔软。

密州百姓穷，人命如草芥，以至于许多刚出生的婴儿被父母狠心遗弃在路边。走在路上，四处都是婴儿的啼哭，这触动了苏东坡内心最柔软的部分，他的心和百姓的心紧紧连在一起，他恨自己空读诗书，“平生五千卷，一字不救饥”。

在苏东坡心中，人命大于天。能救一个便救一个，抱着这样的信念，苏东坡马上实施了他的拯救婴孩计划。

在《与朱鄂州书》诗中，他写下“洒泪循城拾弃孩”的事实，叙述了自己拯救弃婴的经过：

轼向在密州，遇饥年，民多弃子。因盘量劝诱米，得出剩数百石别储之，专以收养弃儿，月给六斗。比期年，养者与儿，皆有父母之爱，遂不失所，所活亦数十人。

——宋 苏轼《与朱鄂州书》（节录）

为从根本解决问题，他开设福利院，号召没有儿女的人家收养弃儿，然后又从官仓中拨出一批米粮，补贴给养不起孩子的父母，劝其不要抛弃自己的骨肉。有数据记录，短短两年时间里，被苏东坡救活的孩子达上千人。

救人一命胜造七级浮屠。苏东坡的拯救生命行动，深深感动了密州百姓。

十年后，元丰八年（1085），苏轼知登州途经密州，那些被他救活的孩子们，在养父母的带领下，纷纷赶往州衙，拜谢当年的救命恩人。

经过苏轼的精心治理，一年后，密州灾情渐渐消退，盗贼渐渐平息，百姓生活渐渐安顿。“吏民渐相信，盗贼狱讼颇衰。”对于这样的社会面貌，苏轼本人也十分高兴，“余既乐其风俗之淳，而其吏民亦安予之拙也。”

兢兢业业工作，有滋有味生活，这是苏东坡永远的本色。施政有了起色后，苏轼简单修葺了当时诸城西北墙上的“废台”，由其弟弟苏辙根据《老子》“虽有荣观、燕处超然”之意，命名曰“超然”。超然，即超脱尘世、乐天知命的意思。在春天的烟雨之中，诗人苏轼登上超然台，眺望着满城的朦胧

《烟江叠嶂图卷》　王诜

春色，不知不觉触动了诗人内心深处的思乡之情：

春未老，风细柳斜斜。试上超然台上望，半壕春水一城花。烟雨暗千家。

寒食后，酒醒却咨嗟。休对故人思故国，且将新火试新茶。诗酒趁年华。

——宋 苏轼《望江南·超然台作》

如果说杭州是苏东坡词创作的起点，那么，密州则见证了这位天才词创作的飞跃。在两年的密州太守任上，苏轼不仅政绩卓著，还留下了许多著名诗词，尤以《江城子·密州出猎》《江城子·乙卯

正月二十日夜记梦》及《水调歌头·明月几时有》这三首词最为出色，这三首词又并称为“密州三曲”。

词作为一种文学体裁，始于南朝梁代，形成于唐代而极盛于宋代。宋词是中国古代文学皇冠上光辉夺目的明珠，和唐诗并称双绝。苏东坡对于宋词的发展和兴盛做了杰出的贡献，他一开宋词的豪迈之风，大大创新了宋词的形式，拓展了宋词的内容，突破了宋词的风格，将词从音乐的附属品一跃而升为与诗具有同等地位的独立抒情文体。

苏东坡在密州写下的《江城子·密州出猎》，被认为是豪放词的开山之作。

熙宁八年（1075）秋，密州大旱，苏东坡带领

《秋原猎骑图》　陈居中

随从到当地的常山祭天求雨，归来途中，与随从“习射放猎”，会猎于一个叫铁沟的地方。得知太守出猎的消息，密州百姓竟倾城出动，一起到郊外为苏东坡助威。那场景，战鼓震天，马嘶犬吠，旌旗猎猎，人头攒动，令热血男儿苏东坡只感觉情感如同山风海雨一般。在这样的激情澎湃下，他挥手写词一首：

老夫聊发少年狂，左牵黄，右擎苍，锦帽貂裘，千骑卷平冈。为报倾城随太守，亲射虎，看孙郎。

酒酣胸胆尚开张，鬓微霜，又何妨？持节云中，何日遣冯唐？会挽雕弓如满月，西北望，射天狼。

——宋 苏轼《江城子·密州出猎》

这首词是苏东坡的惊世之作，他一改宋词的偎红倚翠、浅斟低唱、儿女情长，赋予词爱国之情、报国之志和豪迈之气。这是宋词的神来之作，重新赋予了宋词全新的精神内核。世人皆感叹，原来，宋词还可以这样写？

熙宁九年（1076），正月里的一个夜晚，在密州府衙，苏东坡梦到了死去十年的发妻王弗。醒来后，却不见爱妻的踪迹，他泪如雨下，挥笔写下一首《江城子·乙卯正月二十日夜记梦》，这首词里，字字伤感，句句深情，读来让人动容，那是情到深处、不能自已的流露。

苏东坡一生重情，他既有传统士大夫的家国之情，也有普通人的儿女情长，他深爱着家人和朋友，他永远是那样一位深情的男儿。他的情从不曾老去，

《东坡居士像》　姚华　溥心畬

不曾淡去。他一生都把情融进身体里、融进酒里、融进文字里。苏东坡既有一颗积极入世的进取之心，又有一颗超然世外的潇洒之心。他的作品，既蕴含着宏大的宇宙观和哲学观，又饱含着人间至真至纯的情感，落笔潇洒，舒卷自如，情与景融，境与思合，思想深刻而意境高逸，这是他的诗词成为经典的一个重要原因。

熙宁九年（1076），中秋之夜，超然台上，皓月当空，清风徐来，空寂辽阔。苏东坡立于台上，饮了些酒，兴致盎然，他想起了五百里外的苏辙，他们已经七年没有见面。此时此刻，此景此情，他多想和苏辙举杯对饮，共享这美好的月光。强烈的情绪如同大海一般在他的心头奔涌，于是，一首千古绝唱《水调歌头·明月几时有》呼之而出：

明月几时有？把酒问青天。

不知天上宫阙，今夕是何年？

我欲乘风归去，又恐琼楼玉宇，高处不胜寒。

起舞弄清影，何似在人间！

转朱阁，低绮户，照无眠。

不应有恨，何事长向别时圆？

人有悲欢离合，月有阴晴圆缺，此事古难全。

但愿人长久，千里共婵娟！

——宋 苏轼《水调歌头·明月几时有》

苏轼的这首词开创了中国古代词史中清旷的词风。这首中秋词一出现，所有写中秋的诗词从此黯然失色。

《东坡时序诗意图册》之中秋见月和子由　石涛

04

杭州之恋：

水光潋滟晴方好　山色空蒙雨亦奇

今天，如果你来到杭州“楼外楼”酒店，必点的一道菜就是这里的招牌菜——“东坡肉”。热情的杭州人会一边招呼你大快朵颐，一边向你介绍“东坡肉”的由来。

1000 年前的苏东坡，就这样有血有肉地活在杭州人的文化记忆里。

苏东坡热爱杭州，他一生两入杭州，杭州的美丽赋予他灵感，杭州的温柔舒展他的心灵。七年时间，他踏遍这里的山水，施展自己的才干，馈赠给杭州绝美的诗篇。他一生最快活的日子在杭州度过。

杭州人民从骨子里喜爱苏东坡。灵隐古寺大雄宝殿上一副对联，上联是“古迹重湖山，历数名贤，最难忘白傅留诗，苏公判牍”，下联是“胜缘结香火，来游初地，莫虚负十里荷花，桂子三秋”。

千年以后，杭州人依然传诵着他的出色治理，讲述他的美丽故事，西湖、苏堤、三潭印月、葛岭、众安桥、钱塘江、虎跑、柳浪闻莺、灵隐寺、孤山六一泉等等，处处都是苏东坡留下的印迹。

第一次入杭州，是熙宁四年（1071），苏东坡36岁。前一年，因不满王安石当权，他向皇帝宋神宗请求罢免王安石，失败后遭到诬陷，于是请求外任为官，皇帝大笔一挥，任命他为杭州通判，主要负责审问案件。

携着妻儿一来杭州，苏东坡就深深喜欢上了这里的秀丽山水。有诗为证：

前生我已到杭州，到处长如到旧游。
更欲洞霄为隐吏，一庵闲地且相留。
——宋 苏轼《和张子野见寄三绝句·过旧游》

如果说杭州气象万千，那么西湖则是风情万种。多少次，苏东坡邀请友人，泛舟湖上，倾听那歌舞笙箫，欣赏那云卷云舒，远眺那青山隐隐，静观那水波粼粼。杭州与西湖，一次次激发了苏东坡的才情与诗兴。

黑云翻墨未遮山，白雨跳珠乱入船。
卷地风来忽吹散，望湖楼下水如天。
——宋 苏轼《六月二十七日望湖楼醉书五绝·其一》

未成小隐聊中隐，可得长闲胜暂闲。

我本无家更安往，故乡无此好湖山。

——宋 苏轼《六月二十七日望湖楼醉书五绝·其五》

杭州不仅以灵山秀水吸引着苏东坡，更给予了苏东坡一段美丽的缘分。

《东坡时序诗意图册》之立秋日祷雨宿灵隐寺同周、徐二令 石涛

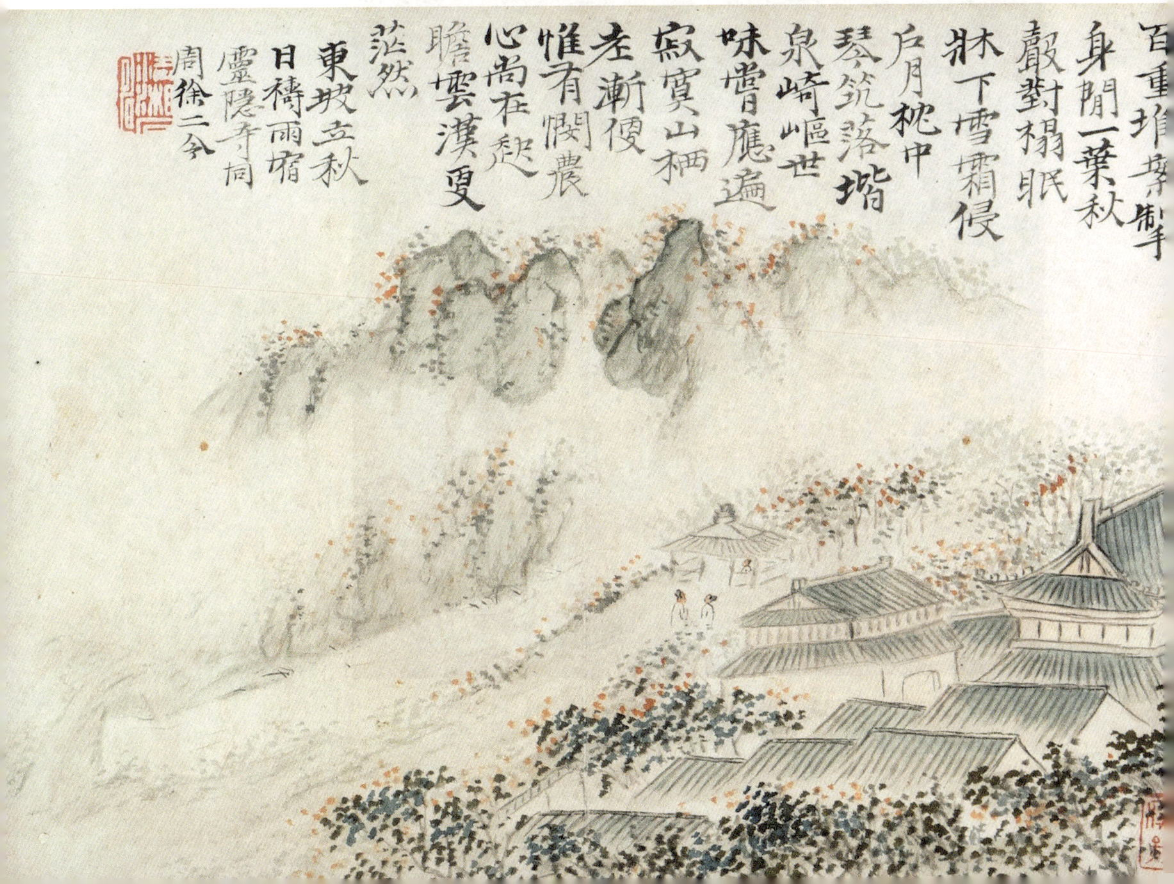

熙宁七年（1074）春天的一场宴会上，苏东坡遇到了王朝云。豆蔻年华的朝云，已是钱塘小有名气的歌伎，她精通音律，聪慧可人，明眸皓齿，清新洁雅，这让苏东坡怦然心动。朝云表演时穿着华服，化着浓妆，显得娇艳婀娜。尔后为客人敬酒时，她换下华服，去掉浓妆，只是平常姑娘家打扮，却显得清新自然，

《西湖十景图册》之柳浪闻莺　叶肖岩

清纯可人。本是艳阳普照、波光粼粼的西湖，这时由于天气突变，阴云蔽日，山水迷蒙，竟成了另一种景色。面对如此美妙的景致和佳人，苏东坡灵感顿至，挥毫写下了流传千古的佳句：

水光潋滟晴方好，山色空蒙雨亦奇。

欲把西湖比西子，淡妆浓抹总相宜。

——宋 苏轼《饮湖上初晴后雨二首·其二》

诗明写西湖旖旎风光，而实际上刻画了苏东坡初遇王朝云时怦然心动的感受。寥寥四行，浓缩出了西湖的精粹、气象、美丽与不朽，这被公认为描写西湖最好的诗。

苏夫人闰之看出了丈夫的心思，她知道自己的丈夫生活简朴，重情重义，并不是一个爱拈花惹草的人，也不喜欢纳小妾。苏夫人也喜欢朝云的才气与美丽，她希望能有这样一个人去陪伴苏东坡。

从此，朝云一直陪伴在他的身边。他们相知相伴20余年。苏东坡一生有三个伴侣，她们从不同的方面给予苏东坡生命的营养。结发妻子王弗，大家闺秀，擅长帮助苏轼处理纷繁复杂的仕宦生活与人际关系；续弦王闰之，平和温存，始终给予他家庭的温暖；王朝云，以特有的生命灵性和艺术气质，与苏东坡心灵相通，成为他的灵魂伴侣，苏东坡也为王朝云写下了最多的诗篇。

据毛晋《东坡笔记》记载：东坡一日退朝，食罢，扪腹徐行，顾谓侍儿曰：“汝辈且道，是中有何物？”一婢遽曰：“都是文章。”东坡不以为然。又一人曰：“满腹都是识见。”坡亦未以为当。至朝云，乃曰：“学士一肚皮不入时宜。”坡捧腹大笑。赞道：“知我者，唯有朝云也。”

如果说第一次入杭州，苏东坡留下的更多是浪漫。那第二次入杭州，苏东坡留下的则是被人们津津乐道的政绩。

18 年以后，元祐四年（1089），苏东坡 54 岁，他因为厌倦了中央朝廷政治纷

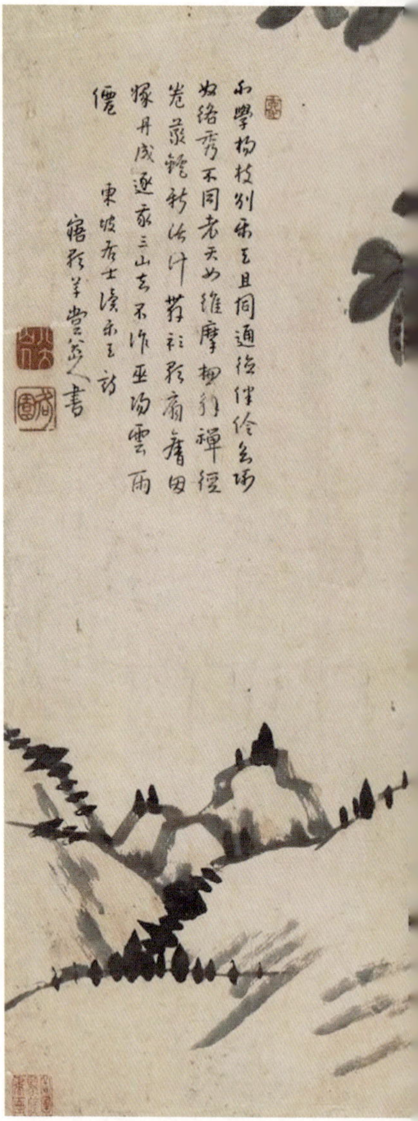

《东坡朝云图》　朱耷

《西湖十景图册》之两峰插云　叶肖岩

争，再次自请外任。这年3月11日，苏东坡以龙图阁学士的身份任杭州太守，同时管辖浙西六州郡兵马。

到处相逢是偶然，梦中相对各华颠。

还来一醉西湖雨，不见跳珠十五年。

——宋 苏轼《与莫同年雨中饮湖上》

青山依旧，西湖依旧，杭州依旧，它再次张开温暖的怀抱，和全城的百姓一道，欢迎这位天才的诗人和勤勉的官员。人生五十而知天命，在经历了人生的风风雨雨之后，苏东坡倍加珍惜眼前施展才干的机会。留给他干事创业的时间已然不多，他要和时间赛跑，在有限的生命里干出一番事业，造福杭州百姓，用这种方式来反哺杭州和杭州人民留给他生命中的美好。

囤积粮食　平抑米价

苏东坡来杭州的第一年，杭州风雨不顺，百姓收成甚微，城中米价猛涨。苏东坡抵任之时，每斗米的价格已经到了 60 钱，到了秋冬，更是涨到了 95 钱。

民以食为天。如果官府不及时采取预防措施，解决老百姓的口粮问题，到时天灾后面一定是连着人祸，人间惨剧将会再一次上演。

苏东坡此时，地方工作经验已十分丰富，他一到任，就迅速采取两条措施。一是七次上表朝廷，申请拨款赈灾，还请求朝廷同意用绸缎来代替大米完成每年的进贡；二是将所能调动的资金全部用于购买粮食，还专门派人到外地购买。

在这场和天灾的较量中，处处可以见到苏东坡的身影，葛巾布衣，芒鞋竹杖，头上绑着最廉价的麻绳，总是满怀心事，四处奔走。

元祐五年（1090）春，天灾又至。但是由于苏东坡未雨绸缪，积极应对，及时往市场中投放粮食以平抑米价，并给予灾民口粮救济，杭州百姓的损失都降到了最低，几乎没有饿死的人。

在这一场和天灾的较量中，苏东坡干得漂亮！

开设医院　关爱百姓

大灾背后有大疫。苏东坡还没来得及喘口气，瘟疫又开始席卷杭州城。在春夏之交的时候，很多人染上了腹痛腹泻、发热恶寒的瘟病。疫情就是命令，面对十万火急的疫情，苏东坡开始了新的战斗。

为了解决穷人看不起病的问题，他除拨出公款外，自己还捐献了 50 两黄金，在众安桥建设了中国历史上第一所公立医院，取名为“安乐坊”，三年内治疗了 1000 多个穷苦病人。

为了解决轻症患者的治疗和健康人的预防问题，他拿出珍藏多年的民间妙方，名叫“圣散子”，将其熬制方法公之于世，号令民众在各个街口架起大锅，熬制汤药，无论男女老少、商客旅人，都可以排队领取。这“圣散子”的确十分灵验，“连饮数剂，即汗出气通，饮食稍进，神宇完复”。如果没有疾病，“能空腹一服，则饮食倍常，百疾不生”。

在苏东坡雷厉风行的措施之下，疫情渐渐平复，杭州的百姓终于走出了这场大灾难。这场大灾是一次大考，让老百姓看到了一位勤政爱民，才干突出的苏东坡。

情系百姓，是苏东坡从政的鲜明底色，这不仅仅体现在大灾大难中，还体现于他日常的判案当中。

一次苏东坡在公堂上断狱，有人控告一个卖扇子的欠钱不还。卖扇子的欣然承认，诉苦道："不是我不还钱，是无钱可还，今年老天总是阴雨绵绵，人们不需要扇子，我一把扇子也卖不出去呀！"

案子简单，判也容易，可是苏东坡没有遵循旧例。他拿过卖扇人的扇子，提起笔来就在上面题字作画，花了一个小时，画了 20 把扇子。

最后，这些扇子被一抢而空，这笔民间借贷官司轻松了结。

还有一次，一位乡下的穷书生进京赶考，因为冒名欺诈罪和匿税罪被官差抓捕。原来，他赶考的盘缠是乡亲们用绸缎凑的，为了避税，穷书生在行李上写着"交给京都竹竿巷苏子由"，署名苏东坡。

这桩案子算不得大案要案，苏东坡拥有自由裁量权。该严格依律法办案，毁掉书生的前程，还是妥当处理，让书生拥有改过的机会？在细细讯问了书生后，苏东坡心里有了主意。

苏东坡让书生把行李上的旧纸条撕掉，亲自写了

《西湖十景图册》之雷峰夕照　叶肖岩

几个字："交给苏子由"，还给苏辙写了封信让穷书生带到京城。案子了结，苏东坡笑道："你现在放心去汴京赶考，不会有税吏找你的麻烦了！"

穷书生感激涕零，后来考中了进士。他满怀感恩之情，写了一封长信给苏东坡答谢。苏东坡欢喜非常，邀请书生到府中做客，优礼相待。

苏东坡判案如神。这个"神"不是指他神通广大，而是指他像神一样保护着那些穷苦和弱小的百姓。

清理淤泥　解决供水

最让苏东坡挂心的，是杭州人民的喝水问题和钱塘湾的淤泥堵塞问题。在此之前，历朝历代也采取了许多措施，如修建水库，把西湖水引入城中，同时严格防范海潮倒灌进运河，污染老百姓的水源。可是由于年代久远，缺少维护，输水管道损毁严重，居民们只能喝带咸味的水，西湖的淡水则需要花钱买。而钱塘湾的淤泥，每四五年就要疏浚一次，工程量浩大，费用惊人，给百姓带来了极大的负担，挖出来的淤泥也极难处理，堆积绵延数里，严重影响了杭州人的生活。如果要解决这些问题，需要投入大量的资金和人力，更需要一批专家和能工巧匠，摆在苏东坡面前的，道道都是难题。

为了解决老百姓的饮水问题，苏东坡用胶泥烧成陶瓦管子代替竹管，上下用石板保护，同时建设两个新水库，淡水由一个水库引向另外一个水库。这项工程需款甚多，而且工程量大。苏东坡作为军事统领，派了 1000 个兵参加此项工程，结果工做得好，时间也快。短短半年，工程顺利完工，杭州居民家家都有淡水喝。

同时，他向专家请教，对运河进行测量计算，精巧设计方案，将海水引入城东郊区，在钱塘江南部建水闸控制水量，并在城北余杭门外开了一条新运河，从此一劳永逸，解决了运河淤泥问题，居民出行再不必与泥沙为伍，来往的船只也都可以畅通无阻了。

《西湖十景图册》之曲院荷风　叶肖岩

清理西湖　修建苏堤

苏东坡在杭州最具有代表性的政绩，就是他实施的西湖综合治理改造工程。苏东坡深爱着西湖，他认为西湖是杭州美丽的眼睛，是杭州最引人入胜的美景，它的“水光潋滟”“山色空蒙”，它的“白雨跳珠”“黑云翻墨”深深吸引着诗人。同时，西湖的水利价值、经济价值、生活价值也是无可替代的。杭州人喝水靠西湖，行船靠西湖，酿酒靠西湖，灌溉靠西湖，离开了西湖，杭州人简直一天都不能活。

苏东坡第一次来杭州时，西湖已不是清波荡漾，一眼澄碧，而是有近三分之一的水面被杂草所覆盖，淤泥坦露。第二次来杭州，情况更为严重，西湖的美褪色不少，淤泥和杂草已将一半的湖面覆盖。

西湖病了，她急需得到呵护和治疗。

苏东坡非常着急，在《杭州乞度牒开西湖状》这篇近 4000 字的奏章中，苏东坡向高太后详尽分析了西湖对于杭州的五点重要作用。他在文中感叹，如果再不治理，20 年以后西湖将不存在，

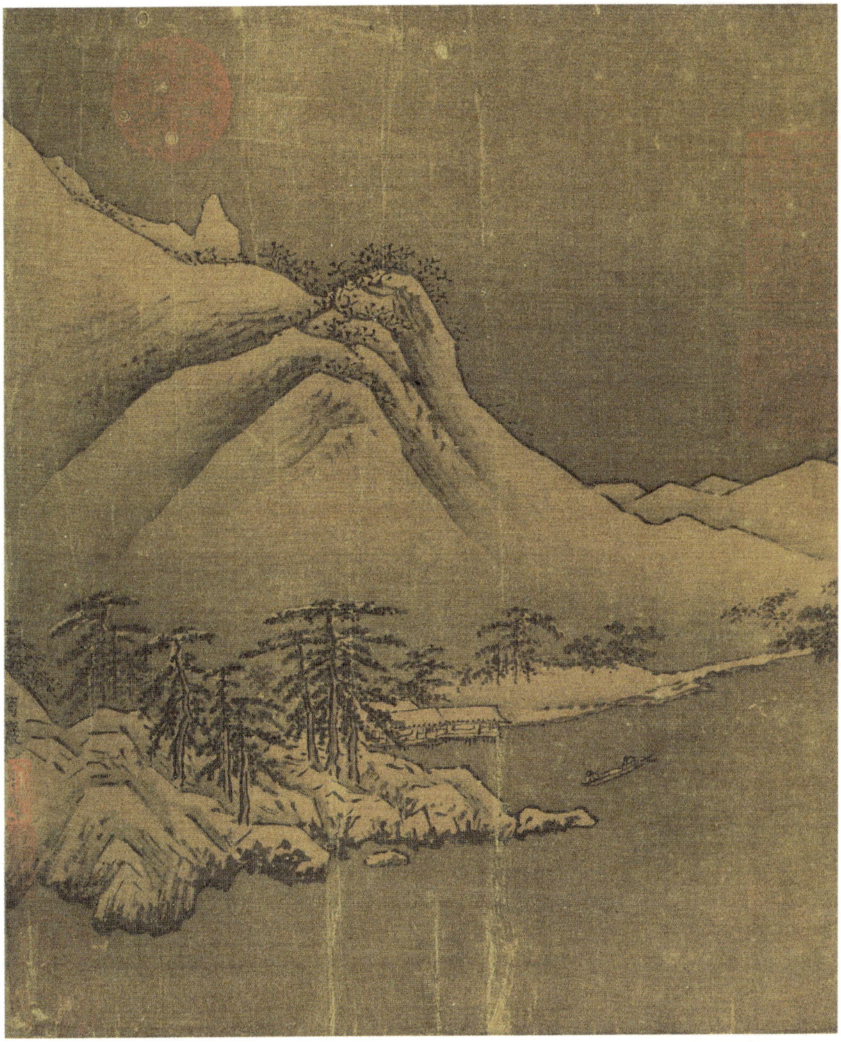

《西湖十景图册》之断桥残雪　叶肖岩

《西湖十景图卷》 王原祁

城中的居民再没有淡水可以喝。如果杭州没有西湖，就好比人没有眼睛眉毛，还能叫做人吗？无论从国计民生角度，还是从水利和文学角度，西湖的治理都迫在眉睫。

苏东坡说服了朝廷，朝廷批准了他的计划，并拨给他部分工程经费。在朝廷的支持下，苏东坡共筹措钱款 3.4 万余贯，调动民工 20 余万，费时 4 个月，终于将西湖的杂草淤泥清理干净。西湖，又恢复了“西子”的美丽风姿。

可是，挖出来的堆积如山的杂草淤泥该如何处理？

经过苏东坡和官员们的深思熟虑和精心谋划，在西湖西侧，修筑了一道长八百八十丈、宽五丈的长堤横跨南北，这不但解决了杂草淤泥无处安置的难题，还缩短了湖岸南北之间的距离，更留给后世一道莺啼柳绿、风景如画的苏堤。

为了永久解决西湖的淤泥水草问题，苏东坡集中众人的智慧，做出一个非常聪明的决定。他在西湖的中心位置建造三座小石塔，以此为界，让居民在规定的区域内种菱角。小石塔后来逐渐演变为最著名的西湖美景“三潭印月”。

西湖的整治改造工程结束了，苏东坡不无得意。近一年来，他忙得连写诗的时间都没有。这一次，为纪念这件盛事，他写下诗一首：

我凿西湖还旧观，一眼已尽西南碧。

又将回夺浮山险，千艘夜下无南北。

——宋 苏轼《与叶淳老、侯敦夫、张秉道同相视新河，秉道有诗，次韵二首·其一》（节录）

在疏浚西湖期间，苏东坡工作认真而勤奋，他每天到湖上巡视。杭州百姓有感于他的恩德，知他喜欢吃猪肉，就送他不少猪肉。苏东坡就让人将猪肉切成方块，按照“慢著火，少著水，火候足时它自美”的独家秘诀精心烹制，送到工地犒劳工人。这红烧肉因此而名噪杭州，成了杭州流传至今的一道名菜——“东坡肉”。

西湖整治工程结束那一年的深秋，苏东坡偷得浮生半日闲，与两浙兵马都监刘景文同游西湖，把酒言

《西湖十景图册》之三潭印月　叶肖岩

欢。刘景文此时已59岁，生命虽已步入深秋，却依然抱负如同少年，苏东坡敬他为“无双国士”，两人惺惺相惜，面对西湖醉人的秋景，苏东坡挥毫一首：

荷尽已无擎雨盖，菊残犹有傲霜枝。
一年好景君须记，最是橙红橘绿时。

——宋 苏轼《赠刘景文》

元祐六年（1091）春，苏东坡接到了高太后让他回京的诏令。就这样，苏东坡作别了他深爱的杭州，临行前，他的办公桌上，还摆着开发江苏运河系统的计划书。

05

黄州之赋：小舟从此逝 江海寄余生

黄州位于今天的湖北省黄冈市。元丰三年（1080），“乌台诗案”后，苏东坡被贬于此担任团练副使。

在苏东坡一生中，杭州，宛如他生命里的朝云，美好且温柔。

黄州，则是苏东坡生命地图上的“耶路撒冷”，充满苦难却孕育出伟大和神圣。

黄州是苏东坡凤凰涅槃之地，正是在这里，苏东坡走上了中国艺术史的巅峰。

余秋雨先生在《苏东坡突围》中这样写道：“苏东坡成全了黄州，黄州也成全了苏东坡。苏东坡写于黄州的那些杰作，既宣告着黄州进入了一个新的美学等级，也宣告着苏东坡进入了一个新的人生阶段……引导千古杰作的前奏已经鸣响，一道神秘的天光射向黄州。”

弟弟苏辙也惊叹于苏东坡在黄州的伟大成就，他说：“苏轼谪居于黄，杜门深居，驰骋翰墨，其文一变，如川之方至，而辙瞠然不能及也。”

元丰三年(1080）大年初一，苏轼和长子苏迈，

《枯木怪石图》　苏轼

在御史台差人的押解下从京城出发。经过一个多月的长途跋涉，他们终于在二月初一到达了黄州，一个长江边上的穷苦小镇。

初到黄州，苏东坡内心充满着失落与彷徨，那时，他刚刚从“乌台诗案”的噩梦中醒来，有一种劫后余生的沧桑之感。曾经的朝廷明星不见了，曾经的天之骄子不见了。他曾在仙界，而如今却被打入凡间，以戴罪之身要开始那九九八十一难的修行，他需要在尘世中重新安顿自己，在生命中重新寻找自己，在精神中重新升华自己。

在尘世中重新安顿自己 从书生到农夫

在黄州，苏东坡首先面对的，就是生存的难题。他要带着一大家20余口人在黄州活下来，钱马上就用完了，而日子该如何过？为了维持家里的生计，他想出了一个办法，在每月月初，拿出4500钱，将其分成30等份，用长柄木杈一份一份地挂在房梁上，然后每天早上取下来一份。可是哪怕这样的精打细算，家里也面临着断炊的危险。

这年春天，苏东坡看上了城东的一片山垄，荒废着，有50多亩。在友人马梦得的帮助下，苏东坡终于拥有了那片荒地，他脱去文人长衫，换上布衫短裤，成了一位地道的农夫。买来耕牛，添置农具，苏东坡带着全家开垦拓荒。他想起唐代白居易曾在流放时躬耕于忠州的东坡，于是，他将这片城东的土地也命名为东坡，并自号“东坡居士”，这就是苏东坡名字的由来。

梦中了了醉中醒。只渊明，是前生。走遍人间，依旧却躬耕。昨夜东坡春雨足，乌鹊喜，报新晴。

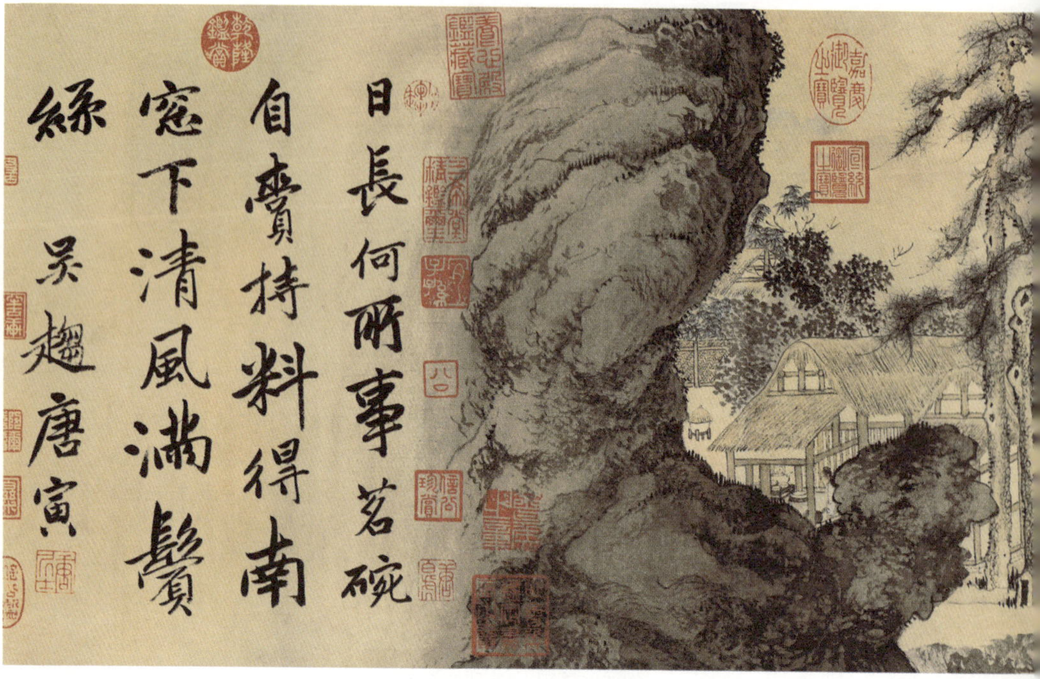

《事茗图》 唐寅

雪堂西畔暗泉鸣。北山倾，小溪横。南望亭丘，孤秀耸曾城。都是斜川当日境，吾老矣，寄余龄。

—宋 苏轼《江城子·梦中了了醉中醒》

在黄州，他有了新的家。刚到黄州，他们一家人先暂住在驿站——“临皋亭”。“临皋亭”靠近长江，年久失修，潮湿逼仄。

第二年一月，苏东坡带领家人伐木垒砖，在东坡建了一座农舍，有房五间，可以居住，也可以用作书房。

因房屋成时正逢大雪，他遂名为“雪堂”，并在墙壁上画了雪景，画的是雪中寒林和水上渔翁。此后，他便经常在雪堂中煮酒煎茶，写字画画，诗书待客。在和友人孔平仲的一首诗中，他描述了自己此时的农夫生活：

去年东坡拾瓦砾，自种黄桑三百尺。

今年刈草盖雪堂，日炙风吹面如墨。

——宋 苏轼《次韵孔毅父久旱已而甚两三首·其二》（节录）

在生命中重新寻找自己　从济世到隐士

前半生热闹非凡，才华横溢，风光无限，在朝廷之上激荡文字，挥斥方遒。而如今身处蛮荒，冷清孤苦，人生的种种际遇，让苏东坡百感交集。在“定慧院”（苏轼曾暂时借住的一座山间破庙）内，他一人面对残月、梧桐，他一人感受暗夜、孤寂，他发现自己，追问自己，审视自己：

缺月挂疏桐，漏断人初静。谁见幽人独往来，缥缈孤鸿影。

惊起却回头，有恨无人省。拣尽寒枝不肯栖，寂寞沙洲冷。

——宋 苏轼《卜算子·黄州定慧院寓居作》

如果人生可以重来，生命可以选择，他是否会另外选择？苏东坡有自己的答案，在给至交李常的信中，他写道：“吾侪虽老且穷，而道理贯心肝，忠义填骨髓，直须谈笑于死生之际。”

苏东坡有着传统士大夫的风骨，风雨何惧？刀枪何惧？在道路的选择上，他宁愿做“幽人”“孤鸿”，

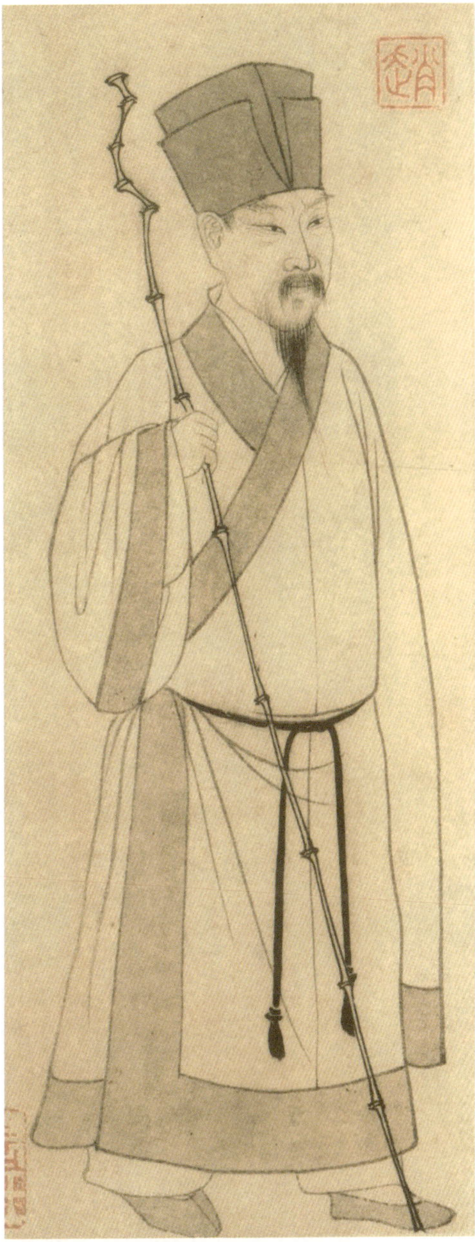

《苏东坡小像》　赵孟頫

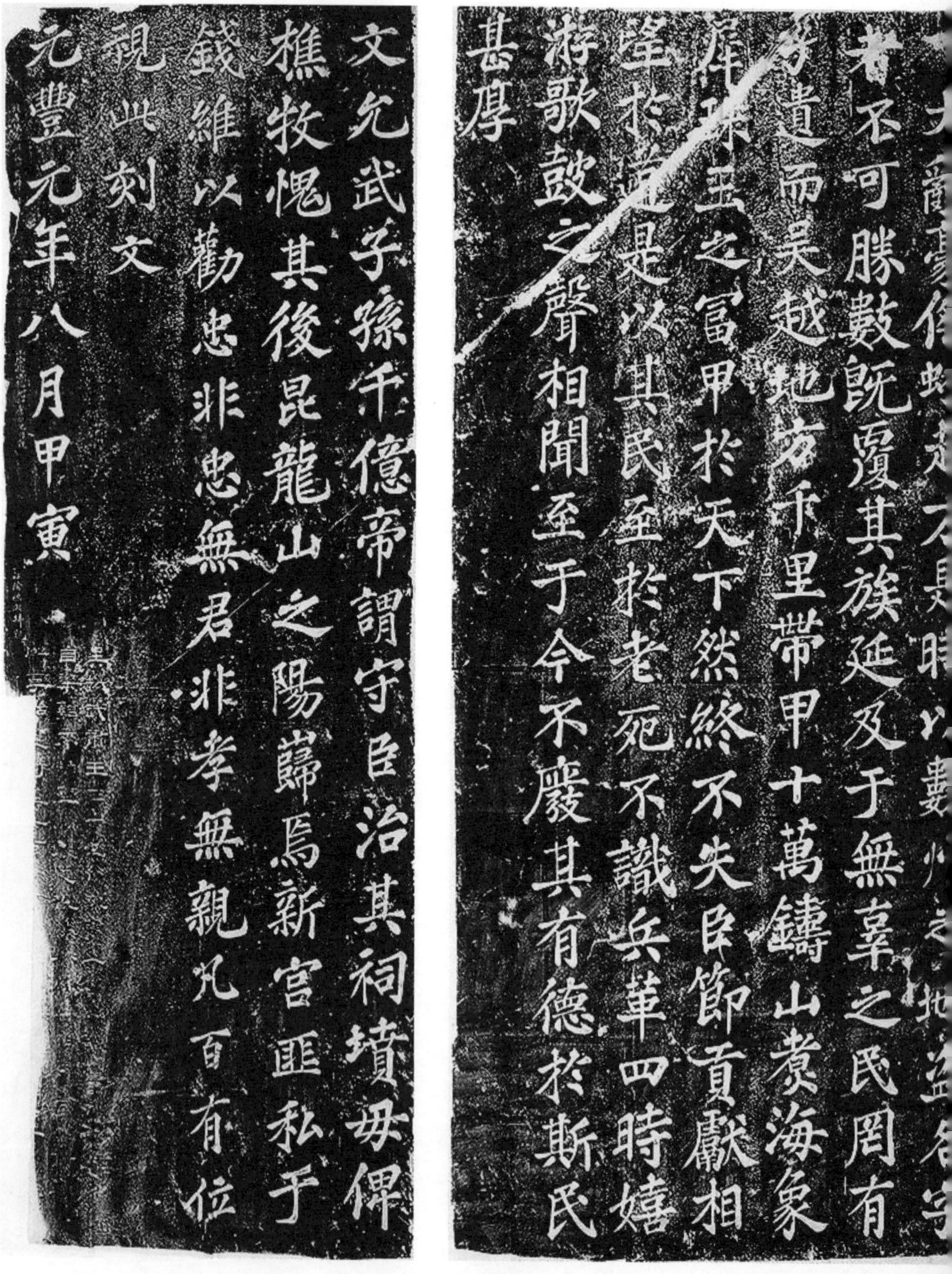

《表忠观碑》
古籍手稿拓本

表忠觀碑

朝奉郎尚書祠部員外郎直史館權
知徐州軍州事騎都尉蘇軾撰并書

熙寧十年十月戊子資政殿大學士右諫議大
夫知杭州軍州事臣抃言故吳越國王錢氏墳
廟及其父祖妃夫人子孫之墳在錢塘者二十
有六在臨安者十有一皆蕪廢不治父老過之

下大亂豪傑蜂起方是時以數州之地盜名字
者不可勝數既覆其族延及于無辜之民罔有
孑遺而吳越地方千里帶甲十萬鑄山煮海象
犀珠玉之富甲於天下然終不失臣節貢獻相
望於道是以其民至於老死不識兵革四時嬉
游歌鼓之聲相聞至于今不廢其有德於斯民
甚厚

也绝不迁就，更不低眉折腰，“道理忠义”“有益于世”始终是他处世的信条，他将用一生去坚守。

法国文学家罗曼·罗兰曾经说过这样一句话：“世界上只有一种英雄主义，就是在认清生活的真相之后，依旧热爱生活。”在明月高悬的夜空之下，苏东坡捧出自己的心一遍遍审视，他看到了心上的伤痕，但更看到了心上的光亮。他与孤寂的灵魂对话，与经受的苦难对话，他转向浩渺的星空，苍茫的宇宙，他读懂了自己，他决心永远做自己的英雄。他的心灵走向新的天地，那是一种内心的笃定、坚守。在黄州，他终于参透了生命的本质。

在给李端叔的信中，他写道：“得罪以来，深自闭塞，扁舟草履，放浪山水间，与渔樵杂处，往往为醉人所推骂，自喜渐不为人识。”他穿着草鞋，与渔民樵夫混杂，被醉汉推骂，从名满天下到无人认识，他十分释然和坦然，他“自喜渐不为人识”。对于眼前的隐士生活，他十分恬然自得：“某现在东坡种稻，劳苦之中亦自有其乐，有屋五间，果菜十数畦，桑百余木，身耕妻蚕，聊以卒岁也。”

夜饮东坡醒复醉，归来仿佛三更。家童鼻息已雷鸣。敲门都不应，倚杖听江声。

长恨此身非我有，何时忘却营营。夜阑风静縠纹平。小舟从此逝，江海寄余生。

——宋 苏轼《临江仙·夜归临皋》

据说，当地太守看到此词，大吃一惊，难道苏轼要逃走？如果逃走，太守作为监管官员，是要被问责的。于是他急忙赶到苏轼的家中，发现苏轼睡得正香，这才放下心来。

在黄州，侍妾朝云为他生下了一个可爱的儿子，46岁的苏东坡在经历过人生的苦难之后，虽然爱极了这个孩子，却只希望儿子普普通通、平平安安地过完一生。

人皆养子望聪明，我被聪明误一生。

惟愿孩儿愚且鲁，无灾无难到公卿。

——宋 苏轼《洗儿戏作》

在精神中重新升华自己，从苦闷到解脱

初来黄州，生活窘迫，生存艰难，前途黯然，这一切，都成了苏东坡苦闷的根源。元丰五年（1082）春，在黄州的凄风冷雨中，在对逝去亲人的思念中，苏东坡即兴写下《寒食帖》：

自我来黄州，已过三寒食。
年年欲惜春，春去不容惜。
今年又苦雨，两月秋萧瑟。
卧闻海棠花，泥污燕脂雪。
暗中偷负去，夜半真有力。
何殊病少年，病起头已白。

春江欲入户，雨势来不已。
小屋如渔舟，濛濛水云里。
空庖煮寒菜，破灶烧湿苇。
那知是寒食，但见乌衔纸。
君门深九重，坟墓在万里，
也拟哭途穷，死灰吹不起。

——宋 苏轼《寒食帖》

《苏东坡》 谭崇正

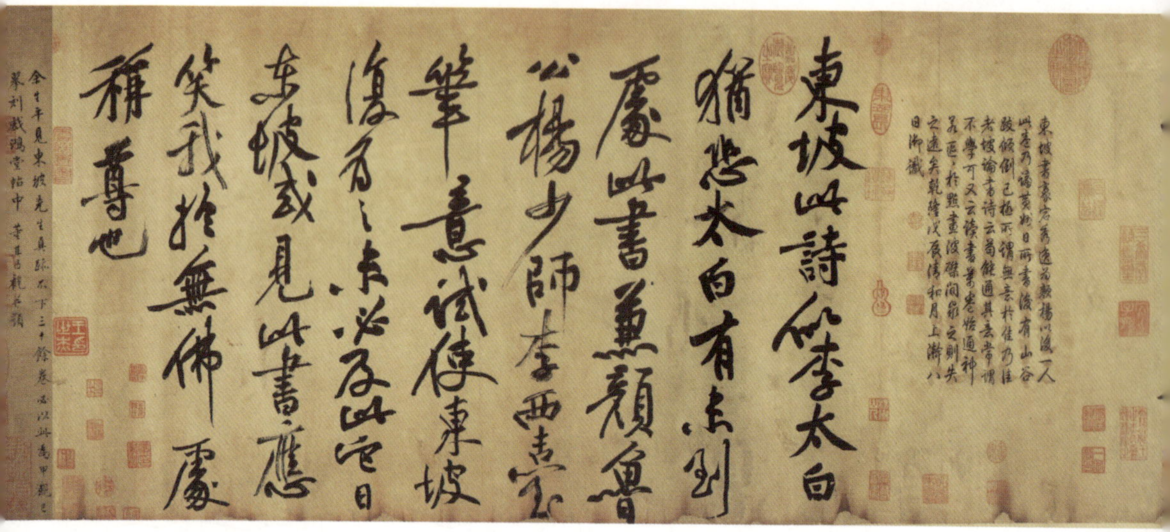

《寒食帖》　苏轼

他自己不曾想到，这一诗帖，后来被世人评为天下第三行书，与王羲之、颜真卿比肩而立，足足惊艳了1000年。他的诗，真情涌动，苍劲沉郁，饱含着生活凄苦、心境悲凉的感伤，富有强烈的感染力；他的书法，淋漓多姿，意蕴丰厚，一气呵成，成为苏轼书法的代表之作，充分体现了苏轼“自出新意，不践古人”的书法精髓。

渐渐地，苏东坡从苦闷中走了出来。在黄州，他接受了命运的安排，春种秋收，风吹雨淋，把根深深扎在黄州的泥土里。在这里，他观山乐水，泛舟江上，凭吊古迹，追寻精神；在这里，他与好友

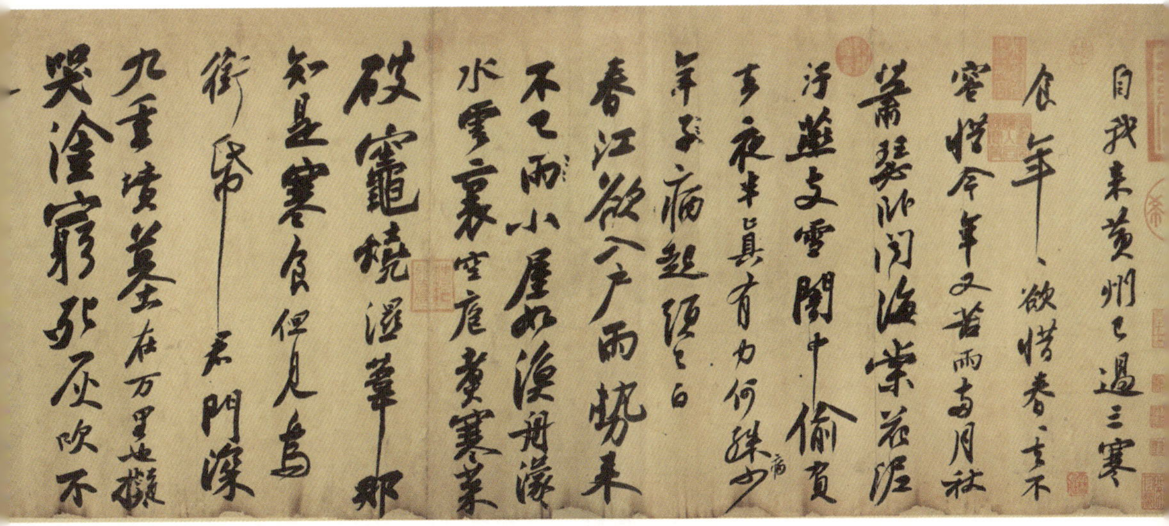

饮酒，给大家赋诗，把艰苦贫乏的生活过得有滋有味。那个“旧我”渐行渐远，一个“新我”愈行愈近，终于，他完成了精神上的脱胎换骨和思想上的蜕变更新。

他开始笑对风雨！

（三月七日，沙湖道中遇雨。雨具先去，同行皆狼狈，余独不觉。已而遂晴，故作此词）

莫听穿林打叶声，何妨吟啸且徐行。

竹杖芒鞋轻胜马，谁怕？一蓑烟雨任平生。

料峭春风吹酒醒，微冷，山头斜照却相迎。

回首向来萧瑟处，归去，也无风雨也无晴。

——宋 苏轼《定风波·莫听穿林打叶声》

黄州虽然贫瘠偏僻，却给予了他“也无风雨也无晴”的自在与安宁。远离政治纷扰，远离名利牵绊，他的身影出现在山水之间，无论是顶着风雨前行，还是回首夕阳斜照，他都泰然享之，他拄着竹杖，穿着草鞋，只觉得身体无比轻盈，精神无比充盈。对于生活所有的馈赠，他都视之为礼物，他既享受风雨，也享受晴天，这就是他的快意人生！在与宇宙和自然的沟通之中，他有所参悟！愈磨难，愈强大；愈贫乏，愈坚韧；愈叵测，愈乐观！以不变应万变，以欢乐对苦难！这就是苏东坡，短短一首词，却将他的抗争、豁达、潇洒跃然纸上！

弘毅的精神滋养着他的文风，他的作品开始走向巅峰。在黄州西北，长江之滨，距离太守官邸数百步的地方，有一片赤色的悬崖峭壁倒映在碧绿的江水之中，当地人皆称为“赤壁”。元丰五年（1082），苏轼于七月十六日和十月十五日两次泛舟于赤壁之上，写下了两篇以赤壁为题的千古名篇《赤壁赋》《后赤壁赋》。

《风竹图》　唐寅

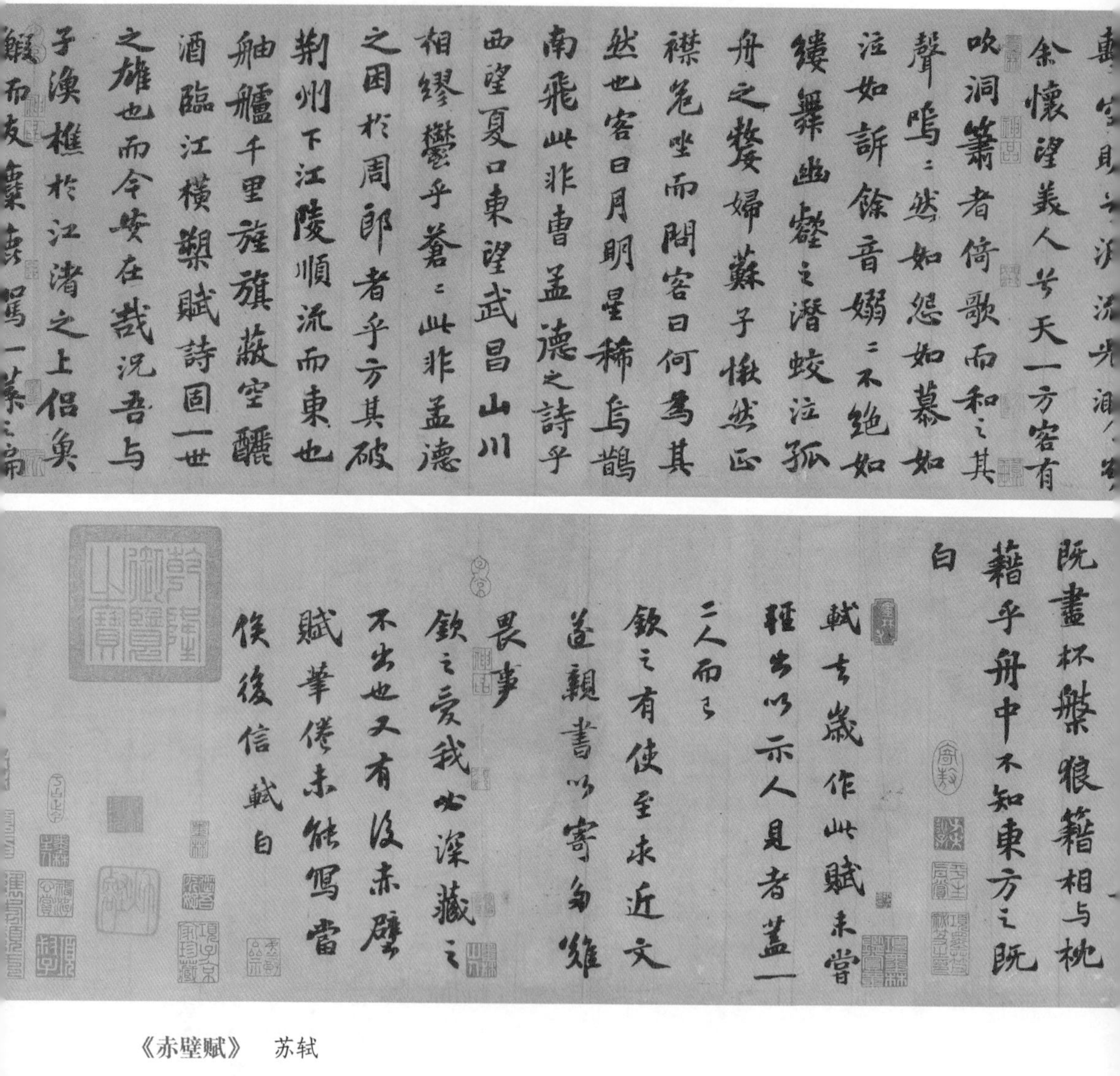

《赤壁赋》　苏轼

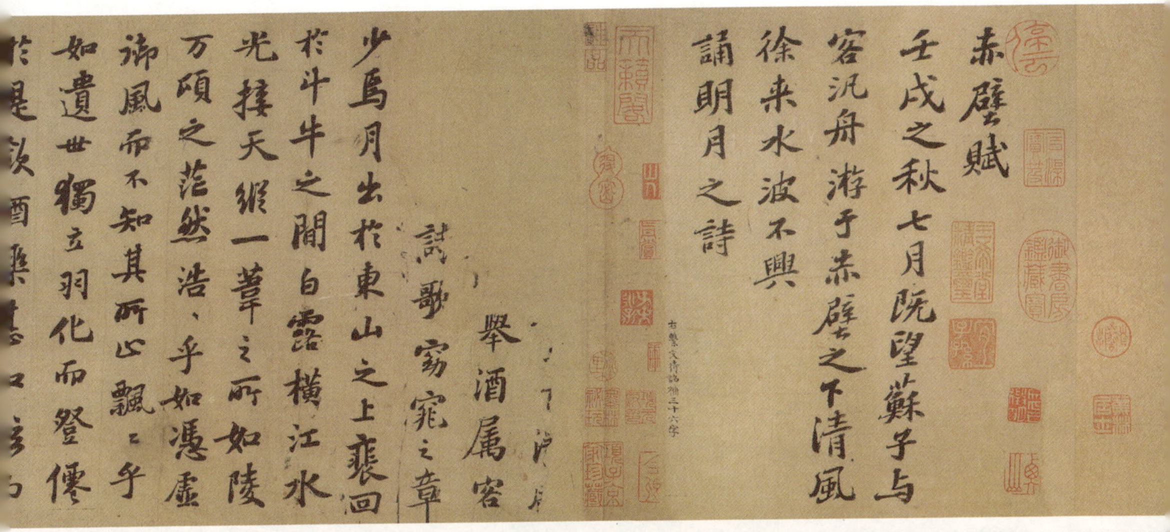

赤壁賦
壬戌之秋七月既望蘇子与
客汎舟游于赤壁之下清風
徐来水波不興
誦明月之詩
右繫文待詔補三十六字
舉酒屬客
誦歌窈窕之章
少焉月出於東山之上裴回
於斗牛之間白露橫江水
光接天縱一葦之所如陵
万頃之茫然浩浩乎如憑虛
御風而不知其所止飄飄乎
如遺世獨立羽化而登僊

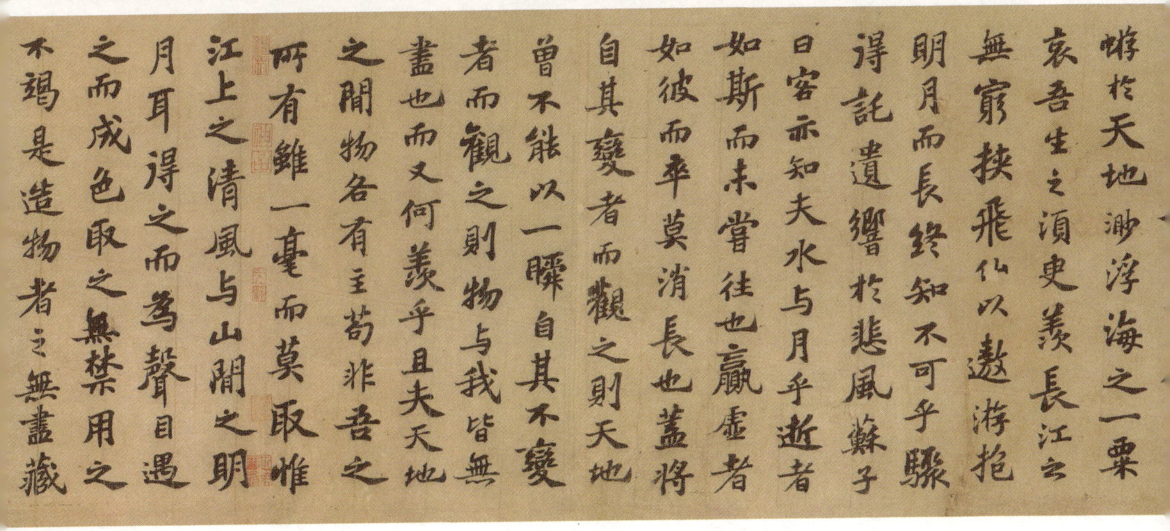

蜉於天地渺浮海之一粟
哀吾生之須臾羨長江之
無窮挾飛仙以遨游抱
明月而長終知不可乎驟
得託遺響於悲風蘇子
曰客亦知夫水与月乎逝者
如斯而未嘗往也贏虛者
如彼而卒莫消長也蓋將
自其變者而觀之則天地
曾不能以一瞬自其不變
者而觀之則物与我皆無
盡也而又何羨乎且夫天地
之間物各有主苟非吾之
所有雖一毫而莫取惟
江上之清風与山間之明
月耳得之而為聲目遇
之而成色取之無禁用之
不竭是造物者之無盡藏

《赤壁图页》　佚名

壬戌之秋，七月既望，苏子与客泛舟游于赤壁之下。清风徐来，水波不兴。举酒属客，诵明月之诗，歌窈窕之章。少焉，月出于东山之上，徘徊于斗牛之间。白露横江，水光接天。纵一苇之所如，凌万顷之茫然。浩浩乎如冯虚御风，而不知其所止；飘飘乎如遗世独立，羽化而登仙。

……苏子愀然，正襟危坐，而问客曰：“何为其然也？”客曰：“‘月明星稀，乌鹊南飞’，此非曹孟德之诗乎？西望夏口，东望武昌，山川相缪，郁乎苍苍，此非孟德之困于周郎者乎？方其破荆州，下江陵，顺流而东也，舳舻千里，旌旗蔽空，酾酒临江，横槊赋诗，固一世之雄也，而今安在哉？

……苏子曰：“客亦知夫水与月乎？逝者如斯，而未尝往也；盈虚者如彼，而卒莫消长也。盖将自其变者而观之，则天地曾不能以一瞬；自其不变者而观之，则物与我皆无尽也，而又何羡乎！且夫天地之间，物各有主，苟非吾之所有，虽一毫而莫取。唯江上之清风，与山间之明月，耳得之而为声，目遇之而成色，取之无禁，用之不竭，是造物者之无禁藏也，而吾与子之所共适。”

——宋 苏轼《赤壁赋》（节录）

是岁十月之望，步自雪堂，将归于临皋。二客从予过黄泥之坂。霜露既降，木叶尽脱，人影在地，仰见明月，顾而乐之，行歌相答……划然长啸，草木震动，山鸣谷应，风起水涌。予亦悄然而悲，肃然而恐，凛乎其不可留也。反而登舟，放乎中流，听其所止而休焉。时夜将半，四顾寂寥。适有孤鹤，横江东来。翅如车轮，玄裳缟衣，戛然长鸣，掠予舟而西也……

——宋 苏轼《后赤壁赋》（节录）

在这两篇赋中，苏东坡用生动的笔触描写了水光、山色、明月、霜露，他更通过一问一答和瑰丽的想象展开了对人生终极命题的思考，人的生命有限，而精神无限。人的物理空间有限，而人的思想境界无限，在这有限与无限之间，人该如何寻求生命的平衡？人生怎样才是有意义？人生该如何面对无法逃脱的苦闷？人该入世还是出世，该醉心于尘世的功名利禄还是淡泊一切？人生该如何面对痛苦磨难？他以佛、道、儒三家的思想为武器，用辩证的观点看待万事万物，化消极为积极，化有限为无限，进而实现了精神上和思想上的伟大超越！伟大的作品就这样伴随着思想的升华而诞生！

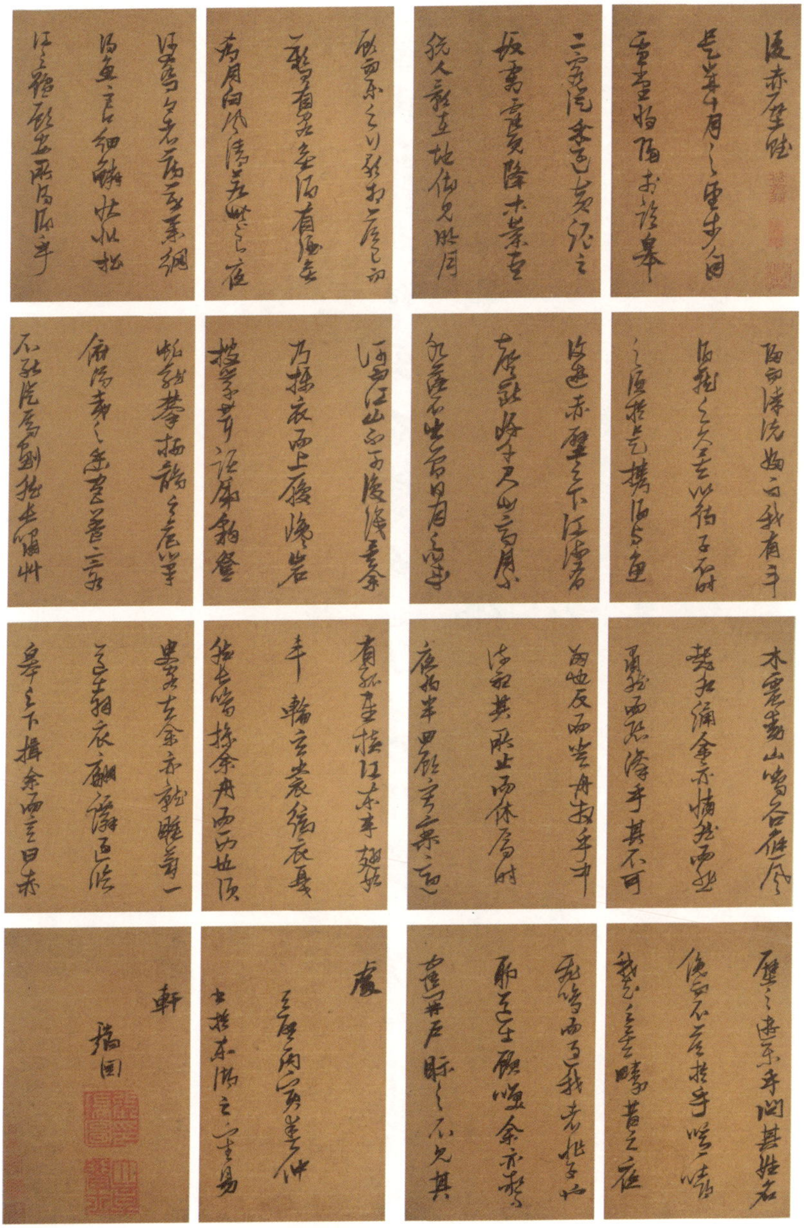

《书苏轼〈后赤壁赋〉》　张瑞图

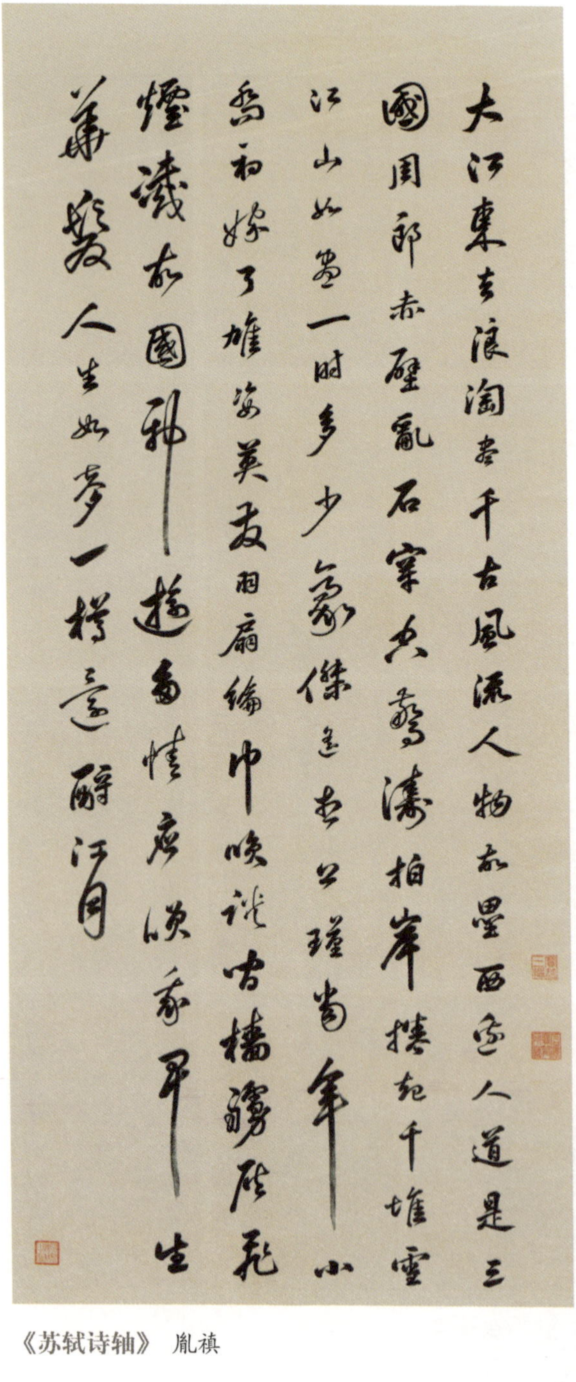

《苏轼诗轴》 胤禛

苏东坡再次立于长江之滨，他立于历史的江畔，在这里，他凭吊古人，那故去的风流人物，才略、气度、功业，让人景仰。一股英雄主义的豪情油然于胸，他回首自己满面尘霜，早生华发却老大未成，于是，他写下又一首千古绝唱《念奴娇·赤壁怀古》。

大江东去，浪淘尽，千古风流人物。故垒西边，人道是，三国周郎赤壁。乱石穿空，惊涛拍岸，卷起千堆雪。江山如画，一时多少豪杰。

遥想公瑾当年，小乔初嫁了，雄姿英发。羽扇纶巾，谈笑间，樯橹灰飞烟灭。故国神游，多情应笑我，早生华发。人生如梦，一尊还酹江月。

——宋 苏轼《念奴娇·赤壁怀古》

黄州，犹如一座巨大的熔炉，重新塑造了苏轼的灵魂。在黄州，他站上了无与伦比的文化巅峰。

据南宋俞文豹《吹剑录》载：东坡在玉堂，有幕士善讴，因问："我词比柳词何如？"对曰："柳郎中词，只好十七八女孩儿，执红牙拍板，唱'杨柳岸晓风残月'。学士词，须关西大汉，执铁板，'唱

《品茶图》　陈洪绶

大江东去’。”公为之绝倒。

这段话是讲，苏东坡（有一次）在玉堂，有个幕客擅长歌咏，于是问：“我的词跟柳永比怎么样？”（他）回答道：“柳永的词只适合十七八岁的姑娘，拿着红牙板，歌唱‘杨柳岸晓风残月’。学士的词必须是关西的大汉，（用）铁的绰板，歌唱‘大江东去’。”苏东坡因此而放声大笑。寥寥数言，写出了苏东坡开创豪放派词风，为宋词做出的不可估量的贡献。

在黄州度过四年零二个月后，元丰七年（1084），宋神宗皇帝亲自下命令，把被贬黄州的苏轼挪到离京城开封不远的汝州（今河南汝阳）。苏东坡再次启程，开始了人生的下一站。但终其一生，他都将黄州视为自己的精神家园。

为向东坡传语，人在玉堂深处。别后有谁来？雪压小桥无路。归去，归去，江上一犁春雨。

手种堂前桃李，无限绿阴青子。帘外百舌儿，惊起五更春睡。居士，居士，莫忘小桥流水。

——宋 苏轼《如梦令二首》

多年以后，哪怕苏轼身居翰林学士之高位，“人在玉堂深处”，站在权力的中心，他都在心中思念着“东坡”“雪堂”，思念着亲手栽下的桃李，雪压小桥，一犁春雨，百灵歌唱，小桥流水。他渴望与黄州的再次相遇！可惜，他再也没能回去，人生，就是有那么多身不由己！

《东坡时序诗意图册》之送春　石涛

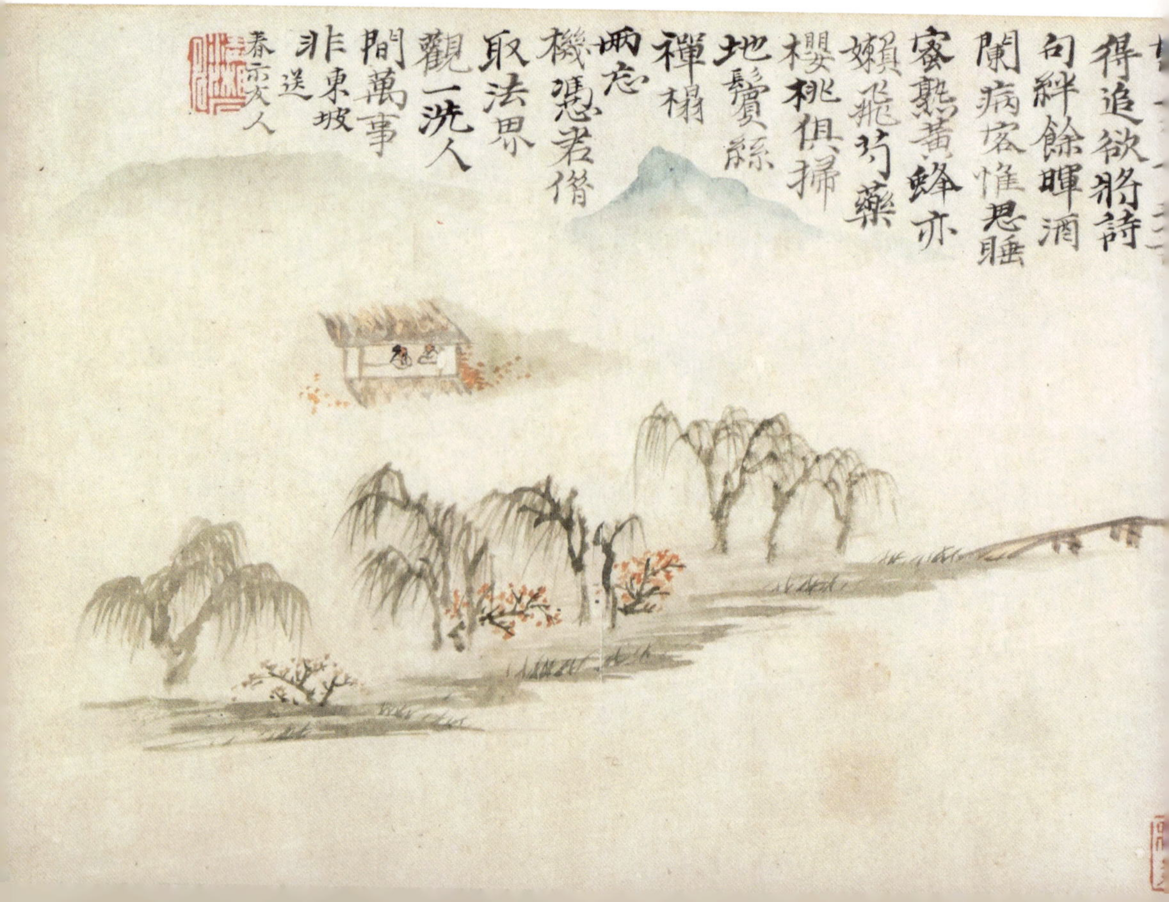

06

庐山之悟：不识庐山真面目　只缘身在此山中

庐山，正在等着伟大诗人苏东坡的到来。

苏东坡之前，陶渊明、谢灵运、李白、白居易等已经为庐山写下不朽的诗篇，“采菊东篱下，悠然见南山”，赋予庐山以灵动；“昼夜蔽日月，冬夏共霜雪”，赋予庐山以清幽；“飞流直下三千尺，疑是银河落九天”，赋予庐山以雄奇；“人间四月芳菲尽，山寺桃花始盛开”，赋予庐山以飘逸。

《东坡时序诗意图册》之用过韵冬至与诸生饮酒　石涛

庐山，期待着与苏东坡的相逢，也期待着苏东坡赋予它新的内涵。

离开黄州，北上汝州之前，苏东坡不远千里绕道去了一趟江西。因受他牵连，此时他的弟弟苏辙已在江西筠州（今江西高安）做了5年的盐酒税官。政治风雨后，兄弟俩终于再次见面，两人百感交集，久久不能平静。

正是这次入赣，让苏东坡有了上庐山的机缘。

此时的苏东坡已近知天命的年纪，但他依然喜欢沉浸在自然当中，纵情在山水之间，那给他带来心灵的欢愉和生命的启示。他永远带着一双发现美的眼睛，怀揣着感受美的心灵。江西山水淳美、秀丽，江西风情富饶、纯朴，这多么像物化的苏东坡。一来江西，他便深深喜欢上了这里。他一路旅行，一路发现，一路写诗，他送给江西的第一份礼物便是以江西省名为诗名的《江西一首》。

江西山水真吾邦，白沙翠竹石底江。

舟行十里磨九泷，篙声荦确相舂撞。

《潇湘竹石图》 苏东坡

醉卧欲醒闻淙淙，直欲一口吸老庞。

何人得隽窥鱼矼，举叉绝叫尺鲤双。

——宋 苏轼《江西一首》

元丰七年（1084）春，49 岁的苏东坡登上庐山。

他在庐山停留了一个多月。此时正值四月，山花灿烂，绿浪翻涌，奇石深谷，飞瀑溪泉，这样的美景，深深吸引了苏东坡。源自心底的热爱，苏东坡共为庐山留下了 50 多首诗词。这些诗词，从来不像是寻觅良久，苦心经营，好像如同庐山的山泉一般，自然而然地流淌而出，甘洌而清凉。

循着苏东坡的文字，我们可以和他一起，共同回味那段千年以前的美妙时光。

仆初入庐山，山谷奇秀，
平生所未见，殆应接不暇，
遂发意不欲作诗。

——宋 苏轼《记游庐山》（节录）

苏东坡第一次来到庐山，发现庐山风景优美，美景目不暇接，于是他决定不写诗，只欣赏美景。可是，“已而见山中僧俗，皆云：‘苏子瞻来矣！’”山里的和尚和游客见到我，都纷纷大喊：“哎呀，苏子瞻来了！”在大家的热情招呼下，苏东坡也意识到，应该为庐山留下点什么，于是，他开始为庐山写诗。

芒鞋青竹杖，自挂百钱游。
可怪深山里，人人识故侯。

——宋 苏轼《初入庐山三首·其三》

苏东坡依然还是那副芒鞋竹杖的装扮，他腰里挂

《东坡题竹图》 杜堇

《庐山高》　沈周

着百钱，这已足够他一日三餐，他逍遥且自在。他没有想到，在这山林深处，居然还有人认得自己，这让他既惊又喜。

青山若无素，偃蹇不相亲。

要识庐山面，他年是故人。

——宋 苏轼《初入庐山三首·其一》

在苏东坡心中，他对庐山有说不出的亲切自然，如果自己和庐山不曾相识，它一定会以冷傲拒人，他们以前就已经是故人了，这里的一山一水，一草一木，都是那样熟悉。

自昔怀清赏，神游杳霭间。

如今不是梦，真个在庐山。

——宋 苏轼《初入庐山三首·其二》

这首诗，更像是苏东坡情不自禁发出的感叹：我曾经多少次在梦里神游于此，今天不是梦，我终于在庐山了。在庐山，他不仅每日在山水中徘徊，

《庐山高图》　丁云鹏

他更拾起书籍，欣赏文人墨客为庐山而写就的诗句。他在山水中感悟，在书卷前沉思，终于，又一首千古佳篇横空出世，苏东坡终于没有辜负庐山，这次，他为庐山赋予了哲学上的美感。

横看成岭侧成峰，远近高低各不同。

不识庐山真面目，只缘身在此山中。

——宋 苏轼《题西林壁》

莎士比亚说："一千个人眼中有一千个哈姆莱特。" 不同的山，在瞬息万变的阴阳造化里也呈现不同的风格，或瑰玮，或雄奇，万千的气象给心灵带来种种震撼，在游山玩水之中，诗人完成了对生命真相的探寻。

事物的本质是什么？真相究竟在哪里？在经历官场浮沉和大自然的洗礼之后，在经历了大半生的人生历练之后，苏东坡心中有了答案。他以身处庐山为喻，说明了一个非常深刻的道理：人的很多痛苦，来自自己的局限性，当你深陷于事物的细节中，或处于环境的一个片段时，你很难摆脱，你以为这就是事物的全部，你以为再也没有路可走，再也没有转机。可是，当你跳出自己的视界和思维，你会发现，事物的面貌本不是这样。比如，你看这庐山，当你远眺时，大山层峦叠嶂，郁郁葱葱，是那样的奇美秀丽。当你渐渐走近时，又会发现它的险峻阴森。是山变了吗？没有，它始终在那里。而你的认识一直都在变，这是由于自身位置与空间角度的变换。山里山外，山顶山脚，都会给你完全不一样的感受。所以，要求得对事物本质的接近，要实现对真理的感知，你要不断地从不同角度位置去观察和思考，你甚至要跳出“小我”，站在宇宙之中，站在地球之巅去审视。如果只局限于狭小的视角，你将永远追求不到事物的本质。这首诗，充分展现了苏东坡的睿智、格局、心胸和眼界。

庐山的烟雨朦胧、千姿百态，一生都在苏东坡的心里。

建中靖国元年（1101），从海南儋州北归的苏东坡时年66岁，已是风烛残年，生命微弱，听闻自己的儿子苏过即将就任中山府通判，他写下了一首偈子，交给苏过：

《庐山瀑布图》 高其佩

《雨气浓烟图》（传） 米芾

庐山烟雨浙江潮，未到千般恨不消。

及得到来无一事，庐山烟雨浙江潮。

——宋 苏轼《庐山烟雨》

这首偈子充满禅机。人人都向往庐山的神奇烟雨，钱塘江的壮观潮汐，这是当时公认的两处最美景观。终其一生，你都想去亲身经历，亲自观赏这样的人间盛景，如果不能去，一定会让你抱憾终生。可是，当你历经千山万水，到了庐山、到了钱塘江，亲眼观看，你的心里也许会有一些小小的失望，这蒙蒙烟雨、澎湃

潮水，这人间不可不观的美景不过如此，庐山烟雨不过如此，浙江潮水不过如此。天下万事万物，当你得不到时，你感到痛苦万分。于是，你汲汲营营，用尽全力去追求。当你拥有它时，那份神秘感消失了，一切不过如此，你又陷入新的痛苦之中。苏东坡借用庐山和浙江潮的隐喻告诫儿子，天下事物，权势和财富，不过如此，不要过于沉迷，不要过分执着，不要拼命追求，执念会让你痛苦。人生一世，结果如何，并不重要，重要的是心在何方！

庐山，因为苏东坡，而变得更加神奇和瑰丽。

《月夜看潮图》 李嵩

07

惠州之隐：日啖荔枝三百颗　不辞长作岭南人

在古代中国，人事便是时局。人事如棋时时新，时局也随之变幻莫测。

元祐八年（1093），苏东坡 58 岁，他遭遇了政治和生活的双重打击，两个在他生命中十分重要的女人相继离世，一个是欣赏他、信任他、起用他，并亲赐他金腰带的宣仁高太后，另一个则是跟随他、陪伴他、照顾他的妻子王闰之。

宣仁高太后去世，轻率鲁莽而脾气暴躁的年轻皇帝宋哲宗亲政，他启用新臣，开逐旧臣，作为高太后最信任的臣子苏东坡必然要遭到清洗。朝堂之上，一时间变了颜色，黑与白、忠与奸，全凭皇帝的喜好，贤臣凋零，宠臣上位，奸臣当道，高太后苦心经营数年形成的良好政治局面被破坏殆尽，大宋江山露出衰败之势。

绍圣元年(1094）四月，苏东坡被罢黜，剥夺了官阶，被贬为“知英州”（今广东英德）。他是贬谪到广东高山大庾岭以南的第一人。这一次，他要跋涉 1500 里，以年迈多病之身，从中国的北部至中国的南部。人还未至，又被续贬到广州迤东 70 里的惠州充任建昌军司马。

汉代贾谊说："达人大观兮，无物不可。"即用豁达大度的心胸来对待事物，就没有不可接受的。这个时候的苏东坡面对血雨腥风、刀霜剑雨，已经能够淡然处之，于内而不愧，于外则坦然。

在他看来，政治法则就是"适者生存"，弱肉强食。

但人生的法则是什么，是"仁者生存"，仁者无疆，只有仁爱和大义才能支持人们走向广阔的远方！

苏东坡把家人安顿在了江苏宜兴，带着朝云和幼子苏过，又一次开始了他的伟大远征。

九月，苏东坡路过赣粤相交的著名隘口大庾岭，再往前，便要入境岭南了。此一去，凶吉难测，生死难料。宋代官员若贬官岭南，就意味着政治生命终结，苏东坡在这里再次回望家国、领悟人生。他明白，他将以另外一种状态屹立于这天地之间，于是写下《过大庾岭》：

一念失垢污，身心洞清净。
浩然天地间，惟我独也正。
今日岭上行，身世永相忘。
仙人拊我顶，结发授长生。

——宋 苏轼《过大庾岭》

《荔枝白鹇图》 林椿

十月，苏东坡抵达惠州。

身处亚热带的惠州，天气、植物、风光，全然不同于中国的东中部。虽是十月，这里却依然草木葱茏，鲜花怒放，水果飘香。那些不曾见到的瓜果和树木，给诗人苏东坡带来了生命新的惊喜，甘蔗、荔枝、香蕉、槟榔处处都是，人们生活得恬然自得，与他想象中的凶险、荒凉完全不同。

在地方太守的礼遇下，他先暂住政府官舍之中，后又搬到嘉祐寺，不久又在嘉祐寺的东面辟出一间小屋，名曰“思无邪斋”。嘉祐寺的山顶，有一松风阁，他常常在那里登高望远。一天，从松风阁下山回家，他突然想：“此间有什么歇不得处？由是心若挂钩之鱼，忽得解脱。人若悟此，当恁么时也不妨熟歇。”

苏东坡一次次从命运的束缚中解脱出来，没有谁能摧残他的精神，也没有谁可以退却他的意志！哪怕被放逐在家国之南，哪怕生命衰老，他依然赋予生命鲜活的色彩。

他怡然垂钓。离嘉祐寺不远的江郊，他一人一竿，如老僧入定。

江郊葱昽，云水蒨绚。碕岸斗入，洄潭轮转。
先生悦之，布席闲燕。初日下照，潜鳞俯见。
意钓忘鱼，乐此竿线。优哉悠哉，玩物之变。

——宋 苏轼《江郊》

他欢乐酿酒。惠州家家户户酿酒的生活方式迷

《对月图》　马远

住了他，“万家春”“真一酒”“桂酒”，他一一尝试，乐此不疲。

拨雪披云得乳泓，蜜蜂又欲醉先生。
稻垂麦仰阴阳足，器洁泉新表里清。
晓日着颜红有晕，春风入髓散无声。
人间真一东坡老，与作青州从事名。

——宋 苏轼《真一酒》

他饱食荔枝。和许多被贬官员心情哀怨嗟叹不同，在岭南，他显得更加平和，不见了黄州“空庖煮寒菜，破灶烧湿苇”的失意与苦闷。在荔枝上市的季节，在思无邪斋里，他吃荔枝，写诗，好不快哉！

罗浮山下四时春，卢橘杨梅次第新。
日啖荔枝三百颗，不辞长作岭南人。

—— 宋 苏轼《食荔枝》

他热心公益。苏东坡的生活绝不寂寞。惠州东、西、北三面，有五个县的太守，仰慕他的大名，不断给他送酒送食物，与他密切交往。利用这样的影响力，他集众人之力，在惠州建起了两座桥，一座在河上，一座在惠州湖上。他把无主野坟的骸骨重建一大冢埋葬，并亲写祭文。他还在城西修了一座放生池，倡导人心向善，那个池塘即名为“苏东坡放生池”，直到清末，当地百姓还保持着在节庆之日，买鱼放生的风俗。他还给当地太守王古写下创立公家医院、引山泉入广州城等种种建议，解决了当地百姓生活中的大难题。尽管他已不关心政治，但老百姓的生活，他永远挂在心头。

然而，惠州的温柔时光，伴随着朝云的离世戛然而止。

朝云曾经惊艳了苏东坡的杭州岁月，让他发出“欲把西湖比西子，淡妆浓抹总相宜”的惊喜。从此以后，十余年来，朝云时刻陪伴在苏东坡的身边，南北奔波、山高水长，得意失意，她总是宠辱不惊，安之若素。他们在黄州生下的孩子才 10 个月大就病亡在旅途，从此，朝云未再生育，这是苏东坡和朝云一生的憾事。

夫人王闰之的离世，给苏东坡的内心增添了新

《维摩居士像》　李公麟

的伤痕，还好有朝云不离不弃的陪伴与照顾。在惠州，没有了公务的打扰，没有了政治的烦恼，也没有了俗事的干扰，苏东坡和朝云几乎日夜相伴，他愈来愈离不开朝云。来惠州这年，他为朝云写下了两首诗词。

不似杨枝别乐天，恰如通德伴伶玄。
阿奴络秀不同老，天女维摩总解禅。
经卷药炉新活计，舞衫歌扇旧因缘。
丹成逐我三山去，不作巫阳云雨仙。

——宋 苏轼《朝云诗》

他感叹朝云不离不弃的坚贞，他也遗憾于朝云失去了爱子。他觉得，朝云不是尘世的女子，而是下凡来的仙女，伴他参禅、炼丹，一旦丹药练成，她就会和他了断尘缘。

在第二首词里，他们的情感升华到了宗教境界。

白发苍颜，正是维摩境界。空方丈、散花何碍。

《东坡时序诗意图册》之端午游真如迟适远从子由在酒局　石涛

朱唇箸点，更髻鬟生彩。这些个，千生万生只在。

好事心肠，著人情态。闲窗下、敛云凝黛。明朝端午，待学纫兰为佩。寻一首好诗，要书裙带。

——宋 苏轼《殢人娇·赠朝云》

苏东坡描述自己此时已到了白发苍颜无欲无垢的境界，天女在室内散花，又有什么妨碍？朝云还是那样美丽，朱唇轻点，发髻生彩，千辈子万辈子的情爱还在。热心肠，显露在她的脸上，只见她闲坐窗下，收拢头发，凝聚眉头。明天就是端午了，要编织兰草来戴。寻得一首好诗，要书写在裙带上。

她的一颦一笑，一步一移，都让苏东坡觉得高雅和清丽。惠州记录下那些闲适、美好而温情的时刻。

又是一个秋天，闲坐在院内，朝云再次为苏东坡唱起《蝶恋花·春景》，这是苏东坡十分喜爱的一首词。

花褪残红青杏小。燕子飞时，绿水人家绕。枝上柳绵吹又少，天涯何处无芳草！

墙里秋千墙外道。墙外行人，墙里佳人笑。笑

《写生蛱蝶图》 赵昌

渐不闻声渐悄，多情却被无情恼。

——宋 苏轼《蝶恋花·春景》

当王朝云唱道：“枝上柳绵吹又少，天涯何处无芳草”时，她竟难掩惆怅，悲伤痛哭，甚至不能自已。

苏东坡握着她的手问道：“爱妻为何如此悲伤？”

王朝云哽咽着说：“这两句太过悲戚，我唱不下去了”。

苏东坡难道会不懂朝云此时的心境？她是在

感叹苏轼和自己，如同无根的浮萍一样，漂浮不定，天下之大纵然有芳草青青，但却找不到自己真正的栖身之地。她也在感叹时光易逝，好景不常在。苏轼佯装哈哈大笑道：“我正悲秋，而你又开始伤春了！”

王朝云听完之后，也破涕为笑，两人依偎在一起。

绍圣三年（1096）七月，因为不幸感染瘟疫，朝云猝然离世，年仅34岁。

这位陪伴苏东坡23年，风雨携手，日夜相伴，你侬我侬的江南女子，化作一缕香魂而去，这简直摧了苏东坡的心肝。

因为朝云是个佛教徒，依照朝云的心愿，苏东坡把她安葬在惠州西湖的栖禅寺下，好让她的香魂沐浴佛音与松风。在墓上筑有六如亭，苏东坡在亭柱上写下一副楹联：不合时宜，唯有朝云能识我；独弹古调，每逢暮雨倍思卿。

他还为她写下墓志铭以示纪念。

东坡先生侍妾曰朝云，字子霞，姓王氏，钱塘人。敏而好义，事先生二十有三年，忠敬若一。绍圣三年七月壬辰，卒于惠州，年三十四。八月庚申，

《梅花双雀图》　马麟

葬之丰湖之上栖禅山寺之东南。生子遁，未期而夭。盖常从比丘尼义冲学佛法，亦粗识大意。且死，诵《金刚经》四句偈以绝。

——宋 苏东坡《朝云墓志铭》

不久，苏东坡又陆续写下《悼朝云诗并序》《惠州荐朝云疏》《丙子重九诗》《雨中花慢·嫩脸羞蛾》等诗词来寄托他的哀思。其中，最负盛名的一首是那年十月他写的《西江月·梅花》。

玉骨那愁瘴雾，冰姿自有仙风。
海仙时遣探芳丛，倒挂绿毛么凤。
素面翻嫌粉涴，洗妆不褪唇红。
高情已逐晓云空，不与梨花同梦。

——宋 苏东坡《西江月·梅花》

梅花冰肌玉骨，宝相庄严，慈悲美玉，他以梅花象征长眠于地下的朝云。苏东坡立于梅花树下，只觉得“人似秋鸿来有信，事如春梦了无痕”。梅花年年可以相会，而朝云却永远只在梦中。

从此，苏东坡孑然一身，终生不复听《蝶恋花》。

千年以后，惠州人为苏东坡在西湖孤山修建纪念馆以纪念这位伟大人物。

据统计，苏东坡寓居惠州约两年七个月，留下诗词、序跋、书画等作品多达 587 首（篇、幅），合江楼、泗州塔、嘉佑寺、朝云墓等一批文化遗址直到今天还被人们参观游览。在不经意间，苏东坡给惠州留下了无比珍贵的文化旅游遗产，对惠州的影响深远，一如清代诗人江逢辰所说：一自坡公谪南海，天下不敢小惠州！

08

儋州之安：九死南荒吾不恨　兹游奇绝冠平生

苏东坡做好了在惠州终老的打算。

他修建好白鹤堂，果园里种上果木，水井已经打好，这几乎花光他所有的积蓄。长子苏迈已经把苏过和自己的家眷迁来惠州。他早已遗忘政治，在惠州，他过着儿孙相伴，翻看书信，提笔写诗的平常日子。

白头萧散满霜风，小阁藤床寄病容。

报道先生春睡美，道人轻打五更钟。

——宋 苏轼《纵笔》

苏东坡忘记了政治，却不曾想，政治从来没有忘记他。这首小诗传到京城后，当朝宰相章惇看到苏东坡的“春睡美”，说：“噢！原来苏东坡过得很舒服嘛！”一纸令下，苏东坡又被贬至海南儋州。

天地之大，却无一代文豪苏东坡立锥之地。在宋代，流放海南是仅次于满门抄斩的刑罚。在政治的翻云覆雨下，个人的命运好比是滔天巨浪下的一叶扁舟，忽上忽下。绍圣四年（1097），在儿子苏过的陪伴下，62岁的苏东坡再次启程，穿越雷州海峡，

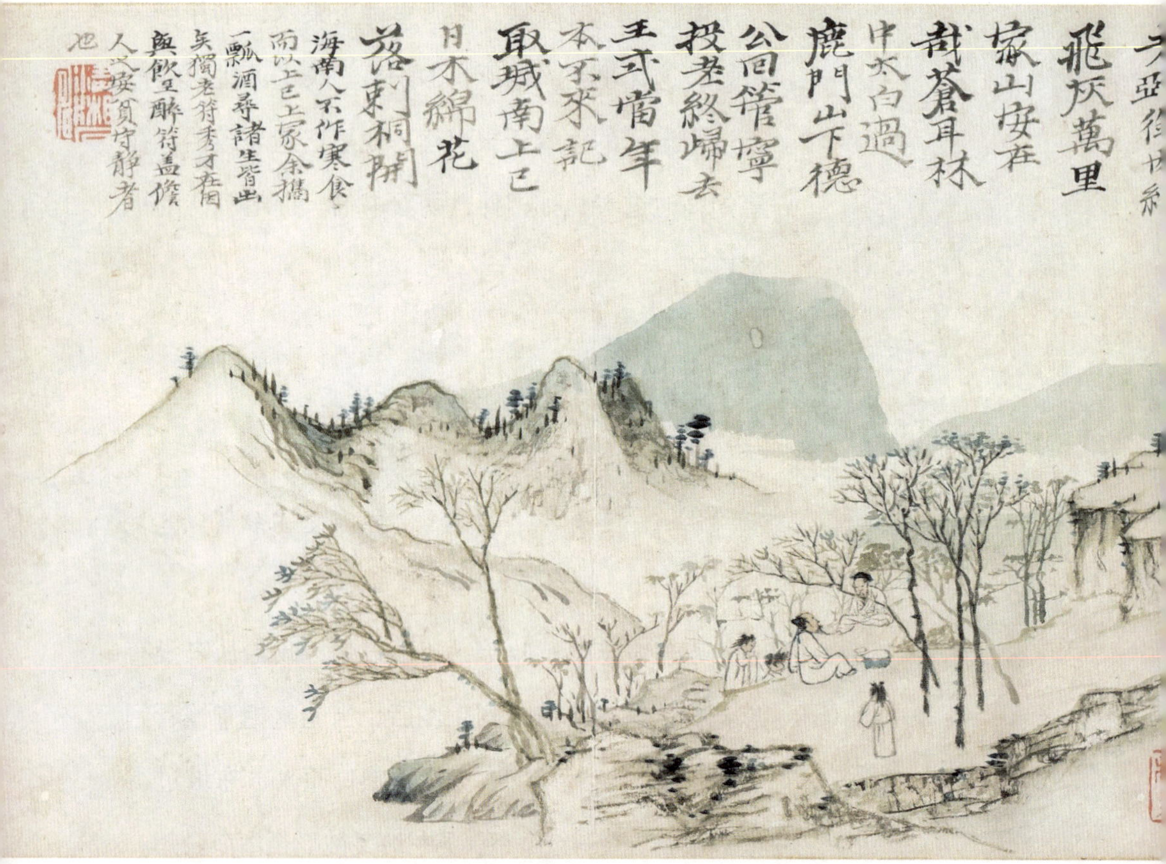

《东坡时序诗意图册》之海南人不作寒食，而以上巳上冢　石涛

从海上进入海南。“一去一万里，千之千不还。崖州在何处？生度鬼门关。”苏东坡开创了一个记录，他成为宋朝第一个被流放到海南的犯官。苏东坡自知，此行凶多吉少，离别前夕，他写下十分伤感的文句：

某垂老投荒，无复生还之望。春与长子迈诀，已处置后事矣。今到海南，首当做棺，次便做墓。仍留手疏与诸子，死即葬于海外，生不契棺，死不扶柩，此亦东坡之家风也。

——宋 苏轼《与王敏仲二首·其一》（节录）

苏东坡带着棺木出行，已经做好了一去不返的打算。他再次接受了命运的残酷安排，以年老体衰之躯体，经受颠沛流离之生活，这一次，是“天之涯、海之角”，是“鸟飞犹用半年程”的蛮荒之地。

绍圣四年（1097）7月，苏东坡带着小儿子苏过抵达儋州。

儋州（今海南省儋州市）位于海南岛西北部，四面环水，人烟萧条，毒蛇猛兽遍地皆是，瘴疠和疟疾时时威胁着人们的生命。本地的居民多是黎族，靠打猎与采集为生，没有文化，也无法征服，与外来人相处并不融洽。

初到儋州的苏东坡受到了县官张中的热情接待，他竭尽所能把苏东坡安顿在一所官舍里。所谓官舍，也只是一所漏雨的旧房子。生活的困难处处都是，在《与程秀才一首》中，苏东坡这样写道：

此间食无肉，病无药，居无室，出无友，冬无炭，夏无寒泉，然亦未易悉数，大率皆无尔。惟有一幸，无甚瘴也。

——宋 苏轼《与程秀才一首》（节录）

章惇他们希望通过身体的折磨来摧毁苏东坡的精神，可是，他们竟无可奈何苏东坡。不久，苏东坡就开始适应儋州的生活。元符元年（1098）十二月，苏东坡在日记中写道：

吾始至南海，环视天水无际。凄然伤之，曰：何时得出此岛耶？已而思之，天地在积水中，九州在大瀛海中，中国在四海中，有生孰不在岛者？覆盆水于地，芥浮于水，蚁附于芥，茫然不知所济。

少焉水涸，蚁即径去，见其类，出涕曰：几不复与子相见，岂知俯仰之间，有方轨八达之路乎？念此可以一笑。戊寅九月十二日，与客饮薄酒小醉，信笔书此纸。

——宋 苏轼《试笔自书》

无论身处何种逆境，苏东坡都能在精神上找到解脱之法，他从来没有做过精神的奴隶。他认为，天地的大小其实在于你的视野，当你站得足够高，其实华夏故土也就是一座被大洋大海包围的岛屿而已，人人都生活在岛上。自己在海南岛上，又何必想着出岛呢？

他开始安下心来，在儋州，他并没有枯坐于官舍之中，他把自己每天的生活都安排得很满，他读陶渊明，给亲友写信，不断地写诗。他还走出门去，走进黎族百姓中间，他的古道热肠和人格魅力再次获得了黎族百姓的爱戴。

苏东坡并没有知晓，在这次苦难流放的背后，他无意中成了传播中华文明的使者，给地处政治边缘、经济边缘、文化边缘的儋州，带来了文明的曙光。

挖水井　制中药

在儋州，苏轼发现，当地民众并不懂得凿井取水，而是直接取用咸滩的积水饮用，以致由于取用了不清洁的水源而经常患病。治水，这可是苏东坡最擅长的。于是苏东坡和儿子苏过一道，亲自带领乡民挖了一口水井，取水饮用，渐渐的，生病的人少了。此后，苏东坡的这种做法传遍了四方，当地居民也开始学习挖井取水，他们终于都用上了清洁的饮用水。人们十分感谢苏东坡，便把那口井命名为“东坡井”。

儋州由于经济落后，文化贫瘠，当地人十分迷信。特别是生病时，他们并不懂得积极治疗，而往往装神弄鬼，祈求神灵。苏东坡明白，这是儋州百姓缺医少药的无奈之举。要破除这个陋习，必须要给老百姓开方治病。于是，苏东坡发挥他粗通医术的本领，亲自去乡野采药，对药物进行研究，熬制中药，并为百姓开方治病。苏东坡利用当地黑豆，制成中药淡豆豉，可以用来清热解毒。这样药食两用的方法，让当地百姓十分受益，他们也学习种黑豆，做豆豉，吃豆豉，并称为“东坡黑豆”。

《大豆图》 任仁发

革恶习 倡垦荒

苏轼不仅改变了儋州人的生活习惯，他还帮助儋州人从野蛮的狩猎时代走入进步的农耕时代。他写下的诗作《和陶劝农六首》广为传播，苦口婆心地劝说黎族同胞，改变“不麦不稷”的生活方式，改变“朝射夜逐”这种落后的狩猎习惯，利用大自然恩赐的土地、阳光、种子，和家人一道团结协作，重视农耕，利用工具，开垦荒地，进行水稻种植、禽畜饲养，过上稳定的定居生活，这样再也不必居无定所，食无定数，就会“其福永久”。

《耕织图册》 冷枚

变语言　兴教育

渐渐地，苏东坡得到了当地百姓的爱戴，黎族同胞敬爱这位慈祥、乐观、豁达且乐于助人的老者。大家为他在城南盖好草房，苏轼称其为“桄榔庵”。百姓为他送来食物，送来亲手织成的粗布，解决苏东坡生活中的种种困难。大家还把每年腊月二十三祭灶日拜过神灵之后的祭肉送给苏东坡品尝，苏东坡俨然成了黎族百姓的贵客和尊者。交往当中，文化的交流也随之深入，苏东坡的四川官话让大家感到既新鲜又有趣，人们以会说苏东坡的四川官话而感到无比光荣，苏东坡也乐于将自己的方言教给大家。同时，他还带动当地私塾的先生用四川官话讲学。于是，四川官话在很长一段时间里都成为儋州读书人的标准语言。

作为一代文豪，苏东坡在海南最大的功绩就是让儋州这块“蛮荒之地”放射出文化的光芒，他为当地培养了大量的人才，改变了海南的教育现状，让地处蛮荒的儋州成了当时全海南的文化中心，并从此形成了尊师重教的传统。当地人为他修建的载酒堂，成了他的文化大讲堂。在这里，他教书育人，

《卧游图册》之秋山读书　沈周

肩负起了播撒文化种子的重任，这是他人生的高光时刻。没有教材，自己编；没有讲义，自己写，他完全沉浸在了教书育人的乐趣之中。史书记载，苏东坡培养出了海南历史上第一个举人姜唐佐和第一个进士符确。苏东坡之后，海南一共出了十二位进士。可以这样说，苏东坡是海南文化的启蒙者，为海南文化的丰富、进步和发展起到了承上启下的重要作用，海南文化从此与中华文化血脉相连，紧密相依、同频共振，并为丰富中华文化做出了自己的独特贡献！

在精神上，苏东坡是富足的。在今天的儋州“东坡书院”，你可以看到苏东坡戴着斗笠穿着木屐的雕像，这记录了苏东坡一个欢乐的瞬间。那是一个平常的日子，苏东坡喝了点小酒，他穿着斗笠木屐回家，路上兴致盎然，不禁吟起诗来：

半醒半醉问诸黎，竹刺藤梢步步迷。
但寻牛矢觅归路，家在牛栏西复西。

——宋 苏轼《被酒独行遍至子云威徽先觉四黎之舍三首·其一》

此时的苏轼，多像一个天真质朴的少年。拜访完朋友，他半醉半醒，归去时误入竹刺藤梢，迷失了方向。此时，他并不惊慌，也不迷茫，他沿着有牛粪的路行走，虽然有点晕晕乎乎，苏轼还记得自己的家就在牛栏之西。人生有时会迷路，会不知道未来和家到底在哪里。可是当你克服心魔，重获冷静，你会发现，哪怕是脚下的牛粪都如同指引你方向的使者，会帮助你一步一步找回自己的方向。

一个心有灯塔的人，永远不会因为眼前的困难和障碍而失去主张和方向。那猝然而至的种种意外，漫天的风雨，迷蒙的天空，山穷水尽的处境，都只是一些障眼之法，考验你的心智，折磨你的灵魂，你能否超脱，能否依然心明眼亮，全在于你能否一直坚持下去，是否依然保持淡定、乐观和坚强。

苏东坡就是这样，他总是在逆境中品味生活的甘甜，他总是在困苦中发现新鲜的美好，他总是想着干些什么，写些什么，他总是用自己韧性极强、悟性极高的生命之火去应对人生的严寒。只要生命存在一天，就不虚度，就活出精彩与快意。三年的海岛生活，他的政敌们没有看见一个意志消沉、虚弱病苦的苏东坡。他仿佛一颗敲不烂、锤不扁的铜豌豆，依然在自己的生活节奏里行进着。行进经过之处，鲜花遍地，瓜果飘香，色彩斑斓。

元符三年(1100)正月，哲宗驾崩，徽宗即位，二月大赦天下。

五月，诏令到达海南，65岁的苏东坡被调往广西廉州。

百姓们听说后，争先带着美食到住处和他饯行。

苏东坡百感交集，他没有想到，自己能活着出海南岛。人生，又一次面对着别离，对着海南的一草一木，他已生出极深的感情，他含泪写道：

我本海南民，寄生西蜀州。

忽然跨海去，譬如事远游。

——宋　苏轼《别海南黎民表》

渡海途中，他写下《六月二十日夜渡海》一诗：

参横斗转欲三更，苦雨终日也解晴。

云散月明谁点缀，天容海色本澄清。

空余鲁叟乘桴意，粗识轩辕奏乐声。

九死南荒吾不恨，兹游奇绝冠平生。

——宋　苏轼《六月二十日夜渡海》

海南，是他人生的一次奇遇。黑夜已经过去，苦雨已经停歇，天空再一次放晴。月明云散，海天澄清，他想起了孔子的报国之志，他听见了黄帝的美妙乐声。虽然在南荒九死一生，可是他无怨无悔。

《苏轼舣舟亭图》　钱维城

不久，他的政敌章惇也被贬到雷州，和海南仅一水之隔。命运，真是充满讽刺。

建中靖国元年（1101）早春，苏东坡再过大庾岭，这是7年之后的故地重游。在这里，苏东坡曾北望故国。溪水潺潺，树茂鸟鸣，云雾缭绕，江山依旧，物是人非。

七年来往我何堪，又试曹溪一勺甘。
梦里似曾迁海外，醉中不觉到江南。
——宋　苏轼《过岭二首·其二》（节录）

南渡北归，苏东坡依然风尘仆仆。他路过镇江金山寺，当年，李公麟曾为他在金山寺的墙壁上画了一幅画像，画像中那个英气诗人还是当年的模样，而自己，已经是曾经沧海，九死一生，他感慨年华的逝去，他回味自己的一生：

心似已灰之木，身如不系之舟。

问汝平生功业，黄州惠州儋州。

——宋 苏轼《自题金山画像》

这是苏东坡对自己一生的总结。愈苦难，愈伟大。三个对他来说最苦难的地方，却成就了他一生最光彩、最绚烂的篇章。苦难中孕育出的生命花朵，绽放出耀眼而迷人的光彩。

建中靖国元年（1101），北归途中，苏轼卒于常州，享年 66 岁。一个伟大的灵魂终于停止了一生的漂泊，他给世人，给华夏，给世界留下了宝贵而丰厚的精神与文化遗产。

他的门生李廌为他写下祭文：“道大不容，才高所累。”

黄庭坚为他送上挽联：“挟以文章妙天下，忠义贯日月之气。”

后人依然在不断地研究他，学习他，从他的精神中汲取生命养分。陆游敬佩他：“公不以一身祸福，易其忧国之心，千载之下，生气凛然。”

近代国学大师钱穆中肯地写道：“苏东坡诗之伟大，因他一辈子没有在政治上得意过。他一生奔走潦倒，波澜曲折都在诗里见。苏东坡的儒学境界并不高，但他处在艰难的环境中，他的人格是伟大的，像他在黄州和后来在惠州、琼州的一段。东坡诗之长处，在有豪情，有逸趣。”

如果说，苦难是人生的一场必修课，苏东坡，则用他的一生在教你，如何应对苦难！

如果说，灰色是生活的馈赠，苏东坡，则用他的经历告诉你，如何在灰色中活出五彩缤纷！

如果说，生命是上天的慷慨馈赠，苏东坡，则用实行示范你，该珍惜每一点才华，每一寸光阴，去发出光和热！

如果说，害怕失去是人性的弱点，苏东坡，则用他的境界告诉你，没有什么可以夺走你的信仰，你的快乐!

今天，我们对于他的追寻，既是对一个伟大灵魂的追寻，更是对中华民族精神的一次探究。民族精神是具体的，是中华民族五千年来一个个伟大的灵魂所塑造和引领的，它丰满厚重而生生不息。

这也是对自己生命的一次追寻。我们，身处五光十色的都市，使用方便快捷的机器，拥有琳琅满目的物品，过着舒适便利的生活，为什么我们的痛苦从来不曾减少，快乐却不见增多？为什么我们的心灵逐渐荒芜，情感如同冰封？我们永不满足，我们心有抱怨，我们颓废躺平，我们孤独彷徨。我们远未活到苏东坡那样的生命厚度和精神高度，千年之后，我们依然需要以他的精神坐标为参照，去不断纠正我们的精神偏航，我们的心灵迷失；我们需要以他的人生灯塔为光亮，去照亮人生的黑洞，散去满天的雾霾；我们需要以他的毕生追求为追求，去对抗生命的无力与虚无，以不息的生命之火回馈生生不息的自然宇宙、浩渺苍穹。

为中华民族的优秀文化传承，向苏公致敬!

图书在版编目（CIP）数据

苏东坡画传 / 朱虹，曹雯芹著．-- 南昌：江西美术出版社，2022.6
（中国历史文化名人画传系列）
ISBN 978-7-5480-5925-7

Ⅰ．①苏… Ⅱ．①朱… ②曹… Ⅲ．①苏轼（1036-1101）—传记—画册 Ⅳ．① K825.6-64

中国版本图书馆 CIP 数据核字 (2022) 第 093115 号

出品人　刘　芳
编辑统筹　方　姝
责任编辑　姚屹雯　李安琪
责任印制　谭　勋
书籍设计　韩　超　胡文欣　先锋設計
封面插图　谭崇正

苏东坡画传 SU DONGPO HUAZHUAN
中国历史文化名人画传系列 ZHONGGUO LISHI WENHUA MINGREN HUAZHUAN XILIE
朱　虹　曹雯芹 / 著

出　版：江西美术出版社
地　址：南昌市子安路 66 号
邮　编：330025
电　话：0791-86566309
网　址：www.jxfinearts.com
经　销：全国新华书店
印　刷：湖北金港彩印有限公司
版　次：2022 年 6 月第 1 版
印　次：2022 年 6 月第 1 次印刷
开　本：710 mm×1000 mm 1 / 16
印　张：11.75
ISBN 978-7-5480-5925-7
定　价：48.00 元

本书法律顾问：江西豫章律师事务所　晏辉律师